U0454627

成渝经济圈农业技术推广与农业经济发展研究

张正杰　许学梅　汪　为◎著

四川科学技术出版社

图书在版编目 (CIP) 数据

成渝经济圈农业技术推广与农业经济发展研究 / 张正杰，许学梅，汪为著. 一 成都：四川科学技术出版社，2022.11
ISBN 978-7-5727-0775-9

Ⅰ.①成… Ⅱ.①张… ②许… ③汪… Ⅲ.①农业科技推广—研究—成都②农业科技推广—研究—重庆③农业经济发展—研究—成都④农业经济发展—研究—重庆 Ⅳ.①S3-33②F327.711③F327.719

中国版本图书馆CIP数据核字（2022）第215997号

成渝经济圈农业技术推广与农业经济发展研究

CHENGYU JINGJIQUAN NONGYE JISHU TUIGUANG YU NONGYE JINGJI FAZHAN YANJIU

著　　者　张正杰　许学梅　汪　为

出 品 人　程佳月
责任编辑　夏菲菲
封面设计　摘星图书
责任出版　欧晓春
出版发行　四川科学技术出版社
　　　　　成都市锦江区三色路238号　邮政编码 610023
　　　　　官方微博：http://weibo.com/sckjcbs
　　　　　官方微信公众号：sckjcbs
　　　　　传真：028-86361756
成品尺寸　185 mm × 260 mm
印　　张　10.75
字　　数　215千
印　　刷　长沙市精宏印务有限公司
版　　次　2023年3月第1版
印　　次　2023年3月第1次印刷
定　　价　68.00元

ISBN 978-7-5727-0775-9

邮购：成都市锦江区三色路238号新华之星A座25层　邮政编码：610023
电话：028-86361770
■ 版权所有　翻印必究 ■

前　言

　　农业是立国之本，农业经济的稳定、协调和健康增长对整个国民经济的发展具有重要的作用。全面建设社会主义现代化国家，就必然要求把我国建设成农业强国。"十四五"规划提出，要全面推进农村振兴建设，促进农村经济发展，完善农业科技创新体系，创新农技推广服务方式，建设智慧农业。

　　成渝地区是全国重要的农业生产基地之一，"成渝地区双城经济圈建设"国家战略的深入实施，为成渝地区推动现代农业协同发展注入了新动能。成渝地区农业产业发展协调性增强，科技支撑能力显著提升，农村特色产业蓬勃发展，农业开放合作加快成势，使成渝地区农业发展进入了新的历史阶段。同时也要看到，成渝地区农业技术相对落后，亟须建立农业创新体制，加快农业技术进步，为农业经济持续、快速、健康增长提供动力支持。

　　本书介绍了成渝经济圈农业技术推广与经济发展的相关理论以及我国农业技术推广服务主体的演变历程，分析了成渝经济圈农业技术推广服务的现状，介绍了国内外农业推广服务模式的经验，分析了成渝经济圈农业经济发展和产业合作情况，提出了成渝经济圈农业技术推广服务促进农业经济发展的对策。

　　由于编者水平所限，本书难免有疏漏及不足之处，恳请各位专家、学者和读者不吝赐教。

　　本书在编写过程中参阅、借鉴了诸多著作和资料，在此，我们向这些著作和资料的作者表示深深的谢意！

目 录

绪　论

一、研究的背景

随着"一带一路"倡议的提出，以及长江经济带发展、新时代西部大开发、成渝地区双城经济圈建设、"西部陆海新通道"建设等一系列国家战略的深入实施，为成渝地区更好地承接东部产业转移、有效延伸现代农业发展新空间、推动现代农业协同发展注入了新动能，成渝地区农业产业发展协调性增强，科技支撑能力显著提升，农村一、二、三产业加速融合，农村特色产业蓬勃发展，农业开放合作加快成势，成渝地区农业发展进入了新的历史阶段。

成渝经济圈以成渝高速公路为轴线，其北翼、中轴和南翼分布着成都、遂宁、南充、简阳、资阳、内江、自贡、宜宾、泸州、重庆等城市，构成了成渝经济圈形成和发展的城市群及交通网络载体。成渝地区作为一个相对完整的地理区域早已存在，但作为一个经济区域尚待进一步发展，成渝这一对双子星城始终难以融合为一体。在相当长的时期内，成渝两市并未凭借地理相邻、优势互补、交通顺畅的有利条件形成密切的分工合作关系，竞争远大于合作，离散远大于聚合。经济上的分离使成渝两市只能孤军奋战，彼此都丧失了很多发展机遇。与长三角、珠三角经济圈相比，成渝经济圈的特征和优势不够突出，这有其历史、政治、经济等多方面的原因。历史渊源、人文差异、行政冲突往往成为人们议论的重点，然而另一个被忽视的重要原因则在于其区域形成机制上的缺陷。经济区域的形成机制源于两方面：一是政府组织协调，在跨行政区域的经济区的形成过程中，政府组织、规划、协调是必不可少的。因为行政区域的界限有可能导致行政要素和经济要素的冲突，这种冲突只能通过政府之间的协调来化解。二是区域经济之间的自组织的充分发育，即通过经济活动在大城市之间、大城市与中小城市之间及更为广阔的经济腹地之间的空间聚集与扩散，使大城市与中小城市、经济腹地之间不断地进行物质与能量交换，实现结构调整、功能转换和空间形态的变化，自我诊断、自我完善，以适应环境变化和经济发展的需要，实现要素的空间优化配置。

长三角、珠三角城市群的形成更多地源于其不断增强的区域经济自组织功能。成渝地区在形成上述两种机制方面仍十分薄弱。一方面，成渝地区从未被设定为一个特定的规划区而实施一系列特殊政策、必要的行政调控与统一规划，以促进成渝经济圈的形成和发展；另一方面，成渝两市的空间互补作用能力弱，区域自组织机制没有形成。虽然重庆、成都的城市规模、综合经济实力居西部前列，对中小城市及区域的辐射影响最大，但成渝两市之间毕竟相隔300多千米，两市的影响力范围也还远未强大到在空间上相互重叠或呈连续分布。成渝铁路的建成通车实现了人口与物资在两个城市之间的可移动性，也在很大程度上降低了空间运输成本，但时间成本仍然很高，500多千米的铁路线要花10小时以上。成渝高速公路的建成虽然大大缩短了通行时间（成渝高速公路全长337.5千米，只需3～4小时），但公路运输在准时性、全天候、便捷性、安全性、舒适性以及费用方面仍有许多不足，使其难以成为城际快速交通的主要运载工具。由于空间可达性尚不足以保证在成渝两个中心城市之间形成一定的通勤流，进而沿成渝交通轴线形成密集的物流、资金流和信息流，因而成渝两市以物资、人员、服务以及信息交换为特征的空间相互作用力十分薄弱。

然而，长期以来，我国农业在追求高产、稳产、高效的生产目标下，农业技术创新倾向于使用更多廉价的要素，且以忽略环境要素的方式获得更高的农业经济效益，使得农业资源要素配置不平衡、不充分，农业资源与环境问题日益突出，农业发展也面临着前所未有的挑战。首先，随着耕地、水资源的数量减少和质量下降，现有的农业发展方式面临着资源要素约束不断强化的挑战，农业生产本身是高度依赖水、肥、光、温等资源的产业，而我国目前高投入、高产出、高强度利用农田的农业基本生产模式，使得我国森林面积、淡水资源、国土面积和可耕地面积这四种关键农业资源的人均值不断下降，远远低于世界平均值，农业资源日益稀缺，这严重制约着我国农业的可持续发展。其次，随着我国进入工业化中期和城镇化的快速发展阶段，现有的农业发展方式面临着资源优势争夺的挑战，农村与城市之间、农业与工业之间争夺耕地资源、水资源等，资源与要素的竞争将会日趋激烈。最后，以资源要素扩张为支撑的农业发展引发了资源破坏、环境污染、水土流失、土地沙化等一系列问题，现有农业发展面临着农业生态环境恶化和农产品质量安全指数下降的挑战。

二、研究的现状

（一）国外的研究现状

有关区域经济运行机制的研究思想早已在古典区位论中得到体现：农业区位论和工业区位论是以完全竞争市场结构为基础研究单个企业成本最小化的区位决策，中心地理论和市场区位论以不完全竞争市场结构为前提，研究城镇体系和市场组织结构，这些体现了市场这只"看不见的手"在要素流动和资源配置中的作用。古典区位论从静态角度剖析了空间经济活动的内在规律，反映出20世纪早期在区域经济运行机制的研究上仍然沿袭了亚当·斯密的古典主义思潮，强调市场机制在区域经济发展上的重要作用。

在区域经济发展的问题上，新古典区域增长理论尤为强调市场机制在区域经济协调发展中的作用。该理论认为区域之间要素报酬的差别会通过要素流动趋向均衡，也就是说，市场机制的作用最终会消除区域之间人均收入的差别，导致区域经济增长的均衡。在完全自由竞争条件下，受收益最大化规律的支配，要素会自发地流向有利区域，这一过程的持续进行会导致区域间差异缩小，因此，区域经济发展在市场机制的作用下会自动达到均衡态势。

受古典经济学和新古典增长理论的影响，刘易斯提出了著名的二元经济结构理论，传统农业部门和现代工业部门并存，导致传统农业部门劳动生产率低下，边际劳动生产率甚至是零或负数，并存在着大量的"隐蔽性失业"。因此，区域经济协调发展的关键在于农村剩余劳动力向城市工业的转移，而整个转移过程都是在市场机制的作用下完成的。

第二次世界大战后，西方各国着力于经济的恢复和重建，迅速进入高速发展阶段，并纷纷采取相应措施干预调节区域经济发展不平衡的问题，加大了"看得见的手"对经济的宏观调控力度。受凯恩斯主义的影响，艾萨德在《区域分析方法》一书中已注意到区域冲突问题，并运用新古典经济理论、博弈论、公共选择学派等理论系统关注区域差距等区域经济发展问题。

基于新古典经济增长理论，农业经济与技术进步的研究进一步深入。保罗·罗默于1986年将经济增长建立在内生技术进步的基础之上，突出了技术进步是经济增长的内在核心。他认为，在市场经济的激励下，大多数技术进步是一种有意识、有目的行为的结果。技术进步突破了对农业土地、劳动力等传统投入要素的研究，开始作为一种内生性的经济增长因素应用于农业发展，这也对农业经济发展开辟了一条新的理论研究途径。

由于区域经济研究是从宏观角度探讨一国内不同区域经济发展及其相互关系的应用性学科，因此，西方经济学中有关经济增长和发展的理论对区域经济协调发展研究产生了巨大的影响。从"二元经济"的结构主义思想出发，发展经济学进一步指出，"地域上的二元结构"是发展中国家区域经济的根本特征。这种"地域上的二元结构"表现为：由于某种外部力量，使得一个国家的工业总是聚集在一个或少数几个先进的地区发展（如城市），而余下的国土空间（如农村）则成为区域上经济不发达的边缘，从而在国土空间上打上了二元结构的烙印，这为经济区域协调发展的研究提供了新的思路。

更多的发展经济学经典理论也涉及从空间角度解释区域经济协调发展的内容，其中区域经济增长非均衡理论特别强调政府机制在区域经济发展中的重要性，并认为市场机制作用下生产要素的流动和商品贸易并不能使区域差距自动消失。1955年赫希曼在《经济发展战略》中阐述了不均衡发展的战略思想，他指出由于涓滴效应和极化效应的存在，增长在区际间不均衡现象是不可避免的。缪尔达尔也提出了相同的经济不平衡发展理论，他认为回波效应和扩散效应之间的力量对比将产生富者更富、穷者更穷的马太效应，因此"市场力量的作用通常是倾向而不是减少区际差异"，从而需要政府的宏观干预。

威廉姆森在1965年提出了区域经济增长的倒U模型，即在经济发展初期，区域间的收入差异将会扩大，随着经济发展进入成熟阶段，市场机制的作用结果最终会使区域之间的收入差异趋于收敛，但即使是威廉姆森本人也不知道使地区差距状况缩小的倒U曲线顶点何时才能出现，因此研究区域经济差距就不能忽视政府机制的作用。第二次世界大战后，在凯恩斯经济学理论逐步取得正统地位的同时，新制度经济批评了新古典经济学不切实际的假设和分析框架，构建了以科斯、诺思和威廉姆森等为代表的新制度经济学派，在深入研究外部性、公共产品的生产等现实问题的基础上构建起了各自的理论体系，主要包括交易成本经济学、产权经济学与制度变迁理论。新制度经济学尤其强调组织机制对利益格局的影响，关注企业和非政府组织两个方面在资源配置以及效益或效用的增进上的作用，但从组织机制角度完整研究区域经济发展问题的论著较少，而且也往往是不系统的或因纯粹重复企业理论而偏离区域经济主题。

影响经济增长的因素很多，正确地认识和估计这些因素对经济增长的贡献是至关重要的。美国著名经济增长理论研究专家丹尼森及美国经济学家库兹列茨把新古典经济增长理论具体化，对各个增长因素进行具体的数量方面的研究。根据丹尼森的计算，美国经济增长的最主要因素是知识进步（技术进步、企业管理改善等）。他指出，技术进步通过提高劳动生产率对经济增长有重要意义，并且发展中国家应注重依靠技术进步、知识进展和劳动投入来促进经济增长。20世纪60年代以后，库兹列茨通过"经济增长因素分析"得出现代经济增长的重要因素之一是科技进步的结论，同时技术革新和扩散加快了生产结构的变动。美国另一著名经济增长学家肯德里克也用类似方法分析经济增长因素的贡献，得到和丹尼森、库兹列茨一样的结论。

20世纪60年代经济增长和技术进步内生化的最著名的尝试是阿罗和宇泽做出的，他们沿不同的思路来建立内生经济增长模型。阿罗于1962年发表了《实践学习的经济学意义》一文，提出"知识的溢出效应"，开创了研究内生经济增长的先河。宇泽把劳动力解释为人力资本，并在经济增长的要素分析中引入了人力资本因素。传统的劳动力仅是指劳动力数量和劳动能力，但在宇泽的人力资本概念中，它还包括了劳动教育水平、劳动者的生产技能水平和劳动者的创新能力，代表了技术进步。

以上分析表明，在区域经济发展过程中，人们已不再单独关注市场机制的单一力量，而是将研究视野拓展到政府机制、组织机制的作用上来，事实上不管最后的结果是区域经济趋同还是分异，市场机制的运行、政府的合理干预、组织的重要作用都是区域经济协调发展过程中不可缺失的力量。

此外，在经济思想史中，关于技术创新与经济增长之间关系的探讨由来已久。早在18世纪，亚当·斯密就在《国富论》中明确指出，技术改进与创新对于推动经济增长具有重要作用。此后，20世纪初熊彼特提出"创新"的概念，他认为尽管资本与劳动力数量的变化可以导致经济生活的变化，但来源于体系内部的生产技术和生产方法的变革（即技术创新）可以解释经济增长。立足于此，索洛在技术创新理论的基础上将技术进步分离出生产函数，提出技术决定增长模型，并认为资本和劳动比率会自动向均衡方向发展，技术进步是经济增长的唯一决定性因素。阿罗则从技术创新的内生性角度出发，建立技术进步与经济增长效果相联系的模型，指出技术创新是促进经济增长的内在因素。丹尼森提出经济增长因素分析理论，并在实证分析中证实了索洛模型的结论。罗默认为，外生技术变化等外部力量无法促进经济增长，内生技术进步才是经济持续增长的决定因素和唯一原因。弗里曼和苏特在以上学者研究的基础上深化了技术决定论，强调技术创新是经济增长的关键因素。

（二）国内的研究现状

不少学者分析了政府机制在推动区域经济协调发展中的作用，如周叔莲等论述了政府调控地区经济发展的目标与方向，在此基础上提出政府促进地区经济协调发展的多种手段，包括财政手段、金融手段、信息服务、政府合作、行政法律手段等，要真正实现经济协调发展，必须充分发挥政府和市场的双重调控作用。谢晓波构建了一个地方政府竞争的博弈模型，并用此模型分析地方政府竞争对区域经济协调发展的影响。结果表明，地方政府基于自身利益最大化的行为会使进取性投资不足而保护性投资过度，带来整体的效率损失，使区域经济不能协调发展。因此有必要对地方政府竞争进行规范，以促进区域经济协调发展。包健分析了目前我国区域发展不协调的现状，并从政府的角度分析导致这一现象的深刻原因，在借鉴国外经验和立足我国实际情况的基础上，提出政府在区域协调发展上要坚持四项目标、处理三对关系、实施五项措施。安虎森根据空间经济学模型阐述了初始产业分布情况对区际收入差距的影响。结果表明，在无法改变历史上已经形成的产业分布格局的情况下，市场配置只能加大区际收入差距，因此要实现区域经济协调发展，政府必须建立和完善市场机制，保护合理竞争，尽可能消除市场的扭曲；对市场规模较小的欠发达地区应实行区别于发达地区的一些特殊政策，尽可能使欠发达地区拥有一定份额的产业。

在我国区域协调发展战略背景下，经济区、都市圈、城市群等区域整体发展是学术界研究的热点，代表性的区域包括长三角、珠三角、环渤海经济区。覃艳华等分析了长江三角洲区域经济一体化的发展阶段及合作协调机制；张志升探讨了京津冀区域协调发展的行政协调机制、区域合作机制、资源利益共享机制、产业分工协调机制；刘德平在对珠三角城市群协调发展程度定性和定量分析基础上，从产业层面分析了珠三角城市群分布结构及城市群整合的战略措施。除此之外，学术界也关注到社会力量及社会机制在推动区域经济协调发展中的作用，如陆明远认为，在经济新区的建设过程中需要创新经济社会管理服务体制，并以天津滨海新区建设为例，从新区自身需要以及民间组织特点两方面论述了民间组织在区域协调发展中的功能，并在此基础上对民间组织、政府提出了相应的对策组合，以此促进经济新区经济社会持续、健康、和谐发展。

从 20 世纪到现阶段，国内学者从未停止过两者之间的关系的研究，梳理传统技术创新和经济增长之间的发展规律，总体来看，主要体现在以下几个方面：

国内学者在农业科技进步与农业经济增长关系方面做了大量卓有成效的研究。20世纪90年代初，林毅夫对20世纪80年代以来的价格改革、制度改革、计划改革对农业经济增长的影响作了探讨，强调新的有力的农业技术供给强度决定了传统农业向现代农业的转变速度，并结合国内外经验，强调了政府在农业技术、农业制度方面对农业扶持的职能作用。他提出依靠农业技术进步能够促进农业发展以及提升农业经济质量，所以国家应该从促进农业技术进步的角度出发，加大对农村教育的投资和政策倾斜。在市场经济中，技术虽然能够替代日益减少的生产要素，但是否被农民选择，会受到传统投入要素以及技术的相对价格影响。丁天认为，集约型农业发展方式之所以区别于粗放型农业发展方式，是因为各自发展方式中科技含量的高低不同，依靠科技进步是转变农业增长方式、走农业发展内涵式道路的根本出路。在世界农业经济竞争的背景下，增长速度与增长方式成为农业竞争的关键，农业技术进步决定了这一竞争的结果。

有学者曾指出，与生产力水平相适应的产权制度可以促进农业技术创新、带动技术选择使用推广。我国是传统农业国家，由于可耕种土地的稀缺性和农业生产方式长期的落后，增加土地和劳动力的投入、提升两种资源的使用效率被看成是农业生产问题的核心解决之道。

从理论视角来看，傅家骥对技术创新与经济增长的关系进行了完整的理论分析，他认为技术创新主要通过全要素生产率来促进经济增长。顾海认为技术创新对经济增长的推动作用是其他因素所无法比拟的，其有利于提高劳动资源和生产要素的利用率，带动产业结构变化。吴晓波等分析了在中国转型的经济环境下技术创新与宏观经济的关系，指出技术创新是促进经济周期运行的最终原因，但要求技术创新与制度创新保持同步。

从企业视角来看，程开明认为，技术创新形成的规模效应、集聚效应和乘数效应具有在时间上的连续性和空间上的并存性，不同层次的效应由于经济增长的不同水平会表现出不同的强度。在此基础上，刘红峰认为，技术创新促进经济持续增长的微观传导机理在于构建处于同一系统内的两个要素的协同过程，即科技创新与规模经济的自我演化、科技创新与集聚效应的自我耦合、科技创新与区域经济持续增长的协同演化等。张利群认为，技术创新促进形成社会运行机制，督促企业建立一个全新的创新发展机制和运营机制，促进企业建立组织管理机制，从而保障了技术创新成为微观经济发展的原动力。陈永杰更是指出技术创新的微观主体——企业尤其是民营企业已经成为充分激发中国经济持续增长的内生动力。

从实证视角来看，洪名勇针对我国 31 个省、市、区进行了实证分析，其研究结果表明，科技创新水平高低能够对我国的区域发展造成较大的影响。范柏乃等采用了广义差分回归分析方法对我国科技投入与经济发展之间的关系进行研究，从而证明了科技投入和经济发展是一种单向的因果关系。朱勇等认为，由于不同地区的科技创新存在差异，落后地区的科技发展对本地经济的影响明显弱于发达地区。胡恩华等对我国科技投入的经济效果进行了实证分析，结果证实：科技投入对当期的经济增长不但具有促进作用，而且还存在滞后效应，但科研投入短期行为明显。张继红等利用空间计量的模型进行实证研究，发现我国专利授权总数、发明专利、实用新型专利和外观设计专利授权与区域经济增长之间具有明显的正相关关系。李正辉等则通过实证研究得出 3 个基本结论：区域科技创新对经济增长具有显著的正向效应、区域科技创新促进经济增长具有显著的地区差异性、中国区域科技创新促进经济增长具有阶段性特征。

以上分析结合我国经济发展具体实践，取得了丰富的成果，但我们可以发现对于区域经济协调发展的机制研究，或者是从宏观视角切入，分析我国东、中、西部三大地带的区域经济差距问题，或者是从某一机制入手，分析其对具体经济区的作用，而将市场、政府、组织三方面协调机制统筹考虑进行分析的不多，因此，本书以成渝经济圈作为具体研究对象，构建市场、政府、组织三位一体协调机制的分析框架，具有理论和现实上的意义。

三、研究的意义

发展农业科学技术是解决"三农"问题的根本途径，农业技术服务体系将"科学技术"和"三农"问题衔接起来，是转化科技成果的重要载体。我国农业技术推广体系组织架构相对单一，该体系沿袭计划经济时期的制度，政府仍发挥主导作用。在当时农业技术基础差、农民素质普遍较低、农村发展水平落后的情况下，这种推广体制对迅速提高农业技术水平，改变农业和农村的落后面貌发挥过重要作用。

众多实践与理论都证实，中国必须坚持走建设创新型国家的道路，而深入理解和把握农业技术创新对农业经济发展的重要作用是实现农业现代化的前提条件。成渝经济圈农业经济发展也是成渝经济圈未来数年发展的重中之重。要实施农村振兴战略，进而实现农业现代化，必须立足实情，依靠创新驱动，让农业技术创新在农业经济发展过程中充分释放其能量。因此，研究成渝经济圈农业技术创新对农业经济发展的影响，具有积极的理论价值和现实意义。

首先，经济增长理论中，技术进步是经济持续快速增长的主要源泉和首要推动力。同样，农业技术进步对农业经济的增长也起着至关重要的作用。目前针对成渝地区农业科技进步率的准确测算以及农业科技进步对成渝地区农业经济增长影响的研究却较少，定性研究与定量研究结合较缺乏。因此，本书以期在分解农业生产要素的基础上，探讨分析技术进步促进农业经济增长的作用机制，应用目前国内外经典测量经济增长中全要素生产率的方法和理论，揭示出成渝地区农业技术进步率和技术进步对成渝地区农业经济增长的贡献率的基本情况，并以此最终寻找到技术进步与四川农业经济增长之间的关系，从而可以更加深入地丰富和完善农业技术进步对经济增长的影响分析，这也就构成了本书在理论方面的研究宗旨。本书回顾了农业技术创新和农业经济发展相关理论，以此为基础探讨了两者之间的内在联系，结合对农业技术创新的定义构建了农业技术创新相关指标体系，并运用主成分分析方法进行测度，明确了成渝经济圈农业技术创新与农业经济发展的趋势，在一定程度上丰富了相关理论研究。

其次，国家要求建立健全的鼓励原始创新、集成创新、引进消化吸收再创新的体制机制，强调市场对技术研发方向、要素价格、各类创新要素的导向作用。国家完善技术创新环境不仅局限于实现单一或某一行业的创新，同时对推动农业技术进步也是良好的机遇，践行技术创新思路必将促使我国农村经济发展迎来新的时代。作为社会经济生活具体领域来说，成渝作为全国重要的粮、油、畜、水果等生产基地之一，但同时也是人口大省（市），多山地，人地矛盾突出，农业技术落后。在成渝农民主要收入来源还以农业为主的情况下，这些大都限制了农民的收入增长。农业资本投入接近饱和状态，导致以主要依靠不断增加资本投入的粗放式农业经济增长方式已走到尽头，农业经济增长受到严重的抑制，农民收入增长长效机制失去动力，国民经济持续健康发展受到威胁。整个问题的解决出路就在于建立农业创新体制，加快农业技术进步，提高技术进步在农业经济增长中的贡献率，为农业经济持续、快速、健康增长提供源源不断的动力支持，保证农民收入持续、快速、稳定增加，繁荣农村经济。本书从总体和局部两个方面分析了成渝经济圈农业技术创新对农业经济发展的影响，并借鉴以色列、日本、荷兰这些农业发达国家的实践经验，以此来寻找补足农业技术创新短板的方法，为进一步激发与释放成渝经济圈农业经济发展的新动能提出了相对切实可行的建议。

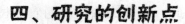

四、研究的创新点

农业是我国的立国之本，农业的稳定是我国社会、经济发展稳定发展的基础。农业推广作为农业科技与农民直接联系的桥梁，为我国农业发展做出了重大的贡献。多元化农业推广的出现应该说是在农业发展转型时期的重要现象，然而现在多数学者对多元化农业推广中不同类型的农业推广研究较多，把多元化农业推广作为一个整体的现象从理论方面进行探索却很少，即使有也是个别理论、单一理论的思考，没有与多元化推广现象进行具体的对接。

虽然对于农业生产力与农业生产关系调整的研究成果较为丰富，但是从一个历史长周期视角来看，对农业生产力与农业生产关系调整的系统性研究并不多见。生产力与生产关系的矛盾运动促使农业螺旋式地上升与发展，这种动态的矛盾运动关系必然会产生某种更加适应新形势的农业经济与政策的产物。

众多的学者从不同的视角对农业政策的演变进行了各具特色的研究，但笔者的观察点与其他学者的研究视角略有差异，认为农业价格与收入支持、农产品对外贸易以及水土资源和环境保护三大农业政策是农业政策体系的核心所在。农业生产的特殊性与战略性需要政府的强力支持，无论是在农业发展的初期还是在农业现代化发展的当下，保证广大农业劳作者的利益是农业政策的基本要求。

农作物保险计划评价与运行效果检验证明，双向激励机制提高了农作物保险的投保意愿与发展规模，保险设计机制提升了农作物保险的赔偿精度与保障空间，监管问责机制严控农作物保险的虚假陈述与欺诈浪费。我国应当逐步提高农业保险公司的市场主体地位，优化完善农业保险的双向激励机制；大力加强农业保险产品的内涵功能设计，加快实现农业保险的多维创新拓展；建立健全农业保险的法律监管制度，高度强化农业保险的双向约束机制。

实证研究方面，本书所构建的农业技术创新指标体系是基于对技术创新内涵的概括与归纳，有较为坚实的理论基础，是现有关于农业技术创新水平综合评价的有益补充。除总体影响分析以外，本书还分析了农业技术创新的各个环节对农业经济发展的影响，在一定程度上补充了这方面的研究。

研究结论与启示方面，本书较为科学地选取以色列、日本、荷兰进行农业技术创新的实践经验借鉴，从而得出对成渝经济圈农业技术创新发展具有一定针对性的研究结论与启示。

第一章 成渝经济圈农业技术推广与经济发展的相关理论

第一节 成渝经济圈协调发展的基本理论

一、市场机制的基本理论

（一）城乡二元经济结构理论

城乡二元经济结构一般是指以社会化生产为主要特点的城市经济和以小农生产为主要特点的农村经济并存的经济结构。我国城乡二元经济结构主要表现为：城市经济以现代化的大工业生产为主，而农村经济以典型的小农经济为主；城市的道路、通信、卫生和教育等基础设施发达，而农村的基础设施落后；城市的人均消费水平远远高于农村；相对于城市，农村人口众多等。这种状态既是发展中国家的经济结构存在的突出矛盾，也是这些国家相对贫困和落后的重要原因。发展中国家的现代化进程，可以说在很大程度上是要实现城乡二元经济结构向现代经济结构的转换。

最早运用"二元经济"概念来分析社会经济现象的是荷兰经济学家伯克。他在对印度尼西亚的社会经济状况进行研究后，于 1953 年出版了《二元社会的经济学和经济政策》，伯克认为当时的印度尼西亚社会是一个典型的"二元结构"

社会：一方面是资本主义社会以前的传统社会，另一方面是荷兰殖民者主导的殖民主义输入的现代"飞地经济"，即资本主义现代经济部门。两者之间在社会制度和经济制度方面存在着巨大差别，从而导致了传统部门和现代部门中的个人效用函数、行为准则及资源配置方式迥然不同。后来，众多的学者对二元结构进行了深入和广泛的研究，比较著名的二元结构理论还有本杰明·希金斯于1968年在《经济发展》提出的技术二元结构理论，爱德华·肖和罗纳德·麦金农于1973年在《经济发展中的金融深化》和《经济发展中的货币与资本》中提出的金融市场的二元结构理论，冈纳·缪尔达尔提出的地理二元结构理论以及海拉·明特于1985年在《亚洲发展评论》上发表的题为《组织二元结构和经济发展》中的组织二元结构等。

关于发展中国家经济二元性的明确的、系统的、影响最大的、应用最广的理论则出自美国著名经济学家、诺贝尔经济学奖获得者阿瑟·刘易斯的二元经济结构理论。1954年，刘易斯在《劳动无限供给条件下的经济发展》中提出了关于发展中国家经济二元结构的理论模型。这一模型指出，发展中国家一般存在着性质不同、成熟度不一的两个经济部门，一个是"资本主义"部门，又称现代部门；一个是"维持生计"部门，亦称传统部门。它们在资本运用、生产规模、生产方式、生产效率、收入水平等方面存在明显不同。

刘易斯认为，在二元经济结构中，传统部门存在无限供给的劳动力，通过现代部门不断地扩大与发展，就会不断吸引这些劳动力，从而实现传统农业向现代部门的转换，推动整个社会现代化的发展。在刘易斯看来，在现代化的社会中，工业部门是经济发展的主导部门，而传统部门则起被动作用。刘易斯这种单纯认为农业是完全被动的从属者的观点，忽视了农业的发展，具有片面性。后来，拉尼斯、费景汉对刘易斯的二元经济结构模式理论进行了补充，创建了费拉尼模式，重新突出了农业的地位。这种模式主要强调了三点：农业增长与工业增长一样重要；农业与工业的增长应当平衡；劳动吸收速度必须大于人口增长速度，以摆脱马尔萨斯人口陷阱。

国外的经济学家在探讨如何消除城乡二元结构的问题上主要有两种观点，即结构转换论与自身发展论。结构转换论以刘易斯、拉尼斯、费景汉等为代表，认为消除城乡二元结构的根本途径是传统农业向现代工业的结构转换，而转换的核心是农业部门的剩余劳动力向现代工业部门的转移问题，依靠现代工业部门对劳动力的吸纳能力，吸收大量农业剩余劳动力到非农部门。随着经济重心由农业转向工业，农业剩余劳动力逐渐消失，使农业部门的劳动生产率逐步提高，从而为农业的进一步发展创造了条件，逐步缩小与工业的差距，直至完全消除差距。

自身发展论以舒尔茨、早见雄次郎等为代表，认为要消除城乡二元结构，必须通过农业的自身发展来完成，农业与工业在经济上的地位应该同等重要。农业的自身发展主要依靠农业的现代化改造，大力发展农业科技，加大农业人力资本投资，利用市场的作用，将现代要素引入农业，推动农业自身的发展，从而逐步缩小两大部门的差距，最终消除城乡二元结构。

两种观点各有利弊：前者正确指出了工业在结构转换上的重要作用，认识到了农业剩余劳动力转移的重要性，但是忽视了农业自身的现代化发展；后者突出了农业的地位，提出了对农业进行现代化改造的重要性以及加大农业人力资本投资的战略意义，但是忽视了结构转换以及农村剩余劳动力转移的积极作用，将农业发展独立于工业化之外。科学的思路应该是将两种观点结合起来，互相取长补短，既重视结构转换的作用，同时也不忽视农业自身发展水平的提高，这样才能真正实现农业与非农部门、城市与农村的均衡发展。

（二）区域经济均衡增长理论

区域经济均衡增长理论主要认为，经济是有比例相互制约和支持发展的。新古典区域均衡发展理论是区域均衡理论的代表之一，是建立在自动平衡倾向的新古典假设基础上的。因为根据该理论，市场机制是一只"看不见的手"，人们普遍相信，只要在完全市场竞争条件下，价格机制和竞争机制会促使社会资源进行最优配置。

这一理论是建立在一系列严格假设条件之上的，这些假设条件包括：①生产中有资本和劳动力两种要素，并且可以相互替代；②完全的市场竞争模型；③生产要素可以自由流动，并且是无成本的；④区域规模报酬不变和技术条件一定；⑤发达地区资本密集度高，资本边际收益率低；不发达地区劳动密集度高，工资低。该理论认为，区域经济增长取决于资本、劳动力和技术3个要素的投入状况，而各个要素的报酬取决于其边际生产力。在自由市场竞争机制下，生产要素为实现其最高边际报酬率而流动。在市场经济条件下，资本、劳动力与技术等生产要素的自由流动，将导致区域发展的均衡。因此，尽管各区域存在着要素禀赋和发展程度的差异，但劳动力总是从低工资的欠发达地区向高工资的发达地区流动，以取得更多的劳动报酬。同理，资本从高工资的发达地区向低工资的欠发达地区流动，以取得更多的资本收益。要素的自由流动，最后将导致各要素收益平

均化，从而达到各地区经济平衡增长的结果。主要内容如下：

1. 赖宾斯坦的临界最小努力命题论

主张发展中国家应努力使经济达到一定水平，冲破低水平均衡状态，以取得长期的持续增长。不发达经济中，人均收入提高和下降的刺激力量并存，如果经济发展的努力达不到一定水平，提高人均收入的刺激小于临界规模，那就不能克服发展障碍，冲破低水平均衡状态。为使一国经济取得长期持续增长，就必须在一定时期受到大于临界最小规模的增长刺激。

2. 纳尔森的低水平陷阱理论

以马尔萨斯理论为基础，说明发展中国家存在低水平人均收入反复轮回的现象。不发达经济的痼疾表现为人均实际收入处于仅够糊口或接近于维持生命的低水平均衡状态；很低的居民收入使储蓄和投资受到极大局限；如果以增大国民收入来提高储蓄和投资，又通常导致人口增长，从而又将人均收入推回到低水平均衡状态中，这是不发达经济难以逾越的一个陷阱。在外界条件不变的情况下，要走出陷阱，就必须使人均收入增长率超过人口增长率。

3. 罗森斯坦·罗丹的大推进理论

主张发展中国家在投资上以一定的速度和规模持续作用于各产业，从而冲破其发展的瓶颈。此论在发展中国家较有市场，原因在于它的三个"不可分性"的理论基础，即社会分摊资本的不可分性、需求的不可分性、储蓄供给的不可分性以及外部经济效果具有更能说服人的证据。

4. 纳克斯的贫困恶性循环理论和纳克斯的平衡增长理论

资本缺乏是阻碍不发达国家经济增长和发展的关键因素，是由投资诱惑力不足和储蓄能力太弱造成的，而这两个问题的产生又是由于资本供给和需求两方面都存在恶性循环；但贫困恶性循环并非一成不变，平衡增长可以摆脱恶性循环，是扩大市场容量和造成投资诱惑力的一种必需的方法。

上述理论应用在区域经济中形成了区域均衡发展理论，它不仅强调部门或产业间的平衡发展、同步发展，而且强调区域间或区域内部的平衡（同步）发展，即空间的均衡化。它认为随着生产要素的区际流动，各区域的经济发展水平将趋于收敛（平衡），因此主张在区域内均衡布局生产力，空间上均衡投资，各产业均衡发展，齐头并进，最终实现区域经济的均衡发展。

均衡发展理论的缺陷之一在于：它忽略了一个基本的事实，即对于一般区域特别是不发达区域来说，不可能具备推动所有产业和区域均衡发展的资本和其他资源，在经济发展初期很难做到均衡发展。缺陷之二在于：它忽略了规模效应和技术进步因素，似乎完全竞争市场中的供求关系就能决定劳动和资本的流动，就能决定工资报酬率和资本收益率的高低。但事实上，市场力量的作用通常趋向增加而不是减少区域差异。发达区域由于具有更好的基础设施、服务和更大的市场，必然对资本和劳动具有更强的吸引力，从而产生极化效应，形成规模经济，虽然也有发达区域向周围区域的扩展效应，但在完全市场中，极化效应往往超过扩展效应，使区际差异加大。另外，技术条件不同也会使资本收益率大不相同，此时的资本要素流动会造成不发达区域资本要素更加稀缺，经济发展更加困难。

区域均衡发展理论显然是从理性观念出发，采用静态分析方法，把问题过分简单化了，与发展中国家的客观现实距离太大，无法解释现实的经济增长过程，无法为区域发展问题找到出路。在经济发展的初级阶段，非均衡发展理论对发展中国家更有合理性和现实指导意义。

新古典区域均衡理论从纯粹供给的角度，认为区域长期增长取决于资本、劳动力和技术三个要素，各个要素报酬取决于其边际生产力，其没有考虑区域空间特征，生产要素的流动并没有那样灵活：①从资本的流动性看，由于大部分资本是固定资本，"资产专用性"使其转移存在巨大转移成本；②从资本流动方向看，投资者不仅要考虑利润最大化，而更要看重投资环境的综合条件，发达地区对投资者的吸引力可能更大；③劳动力并非完全流动，其迁移受信息非对称及制度与非制度因素的影响和制约。

在加进规模经济、收益递增及正外部性等经济学分析元素后，在完全竞争假设下，要素资源会出现聚集于空间某些点上，形成增长极，极化效应又会导致增长极与极外形成"中心—外围"的空间格局。威廉姆森的倒U形理论表明，在到达拐点之前的相当长一段时间内，区域发展差异是不断扩大且难以消除的，而且根据发达国家的发展经验，即便旧的差异缩小了，新的差异又会出现。

二、政府机制的基本理论

（一）区域经济非均衡增长理论

1. 增长极理论

1954 年，法国经济学家佩鲁在《略论"增长极"的概念》一文中正式提出了"增长极"概念。佩鲁在文中指出："增长并非同时出现在所有的地方，它以不同的强度首先出现于一些增长点或增长极上，然后通过不同的渠道向外扩散，对整个经济产生不同的终极影响。"佩鲁所描绘的增长极是一种推进型单位，这种优势经济单位具有规模大、增长快、创新能力强以及与其他工业的投入一产出联系广泛而密切的性质和特点。它一方面通过实现内部和外部的节约降低生产成本，另一方面通过创新保持相对于其他经济部门的优势地位。推进型单位在本身迅速增长的同时，还能产生支配效应、连锁效应和乘数效应，以推动其他部门的成长。

佩鲁增长极理论的出发点是抽象的经济空间，它是指"存在于经济元素之间的经济关系"，具体包括作为计划内容的经济空间、作为受力场的经济空间和作为匀质整体的经济空间这三种类型，增长极即是经济空间中起支配和推动的工厂或厂商。20世纪60年代中期，法国经济学家布代维尔重新探讨了经济空间的含义，提出并拓展了佩鲁的增长极理论，将其从抽象空间转换到地理空间中，强调了增长极的空间特征。布代维尔认为，经济空间不仅包括与一定地理范围相联系的经济变量之间的经济关系，而且也包括经济现象的地域结构关系。

2. 缪尔达尔累积因果循环理论

瑞典经济学家缪尔达尔运用动态的非均衡分析和结构主义分析方法，提出经济发展中存在的累积因果循环理论，并运用扩散效应和回波效应说明经济发达地区优先发展对其他落后地区的促进作用和不利影响，提出如何既充分发挥发达地区的带头作用，又采取适当政策来刺激落后地区的发展，以消除发达与落后并存的二元经济结构。

缪尔达尔用累积因果循环关系说明了不发达国家经济中存在的"地理上二元经济"的形成问题。他认为，经济发展过程在空间上不是同时发生和均匀扩散的，而是从一些条件较好的地区开始，一旦这些地区由于某种最初的契机的促使，获得增长过程中早期优势（初始优势）就会比其他区域超前发展。

由于集聚经济的存在，区域优势会因市场作用而持续累积地加速增长，并同时产生两种相反效应：一是回波效应，表现为资本、劳动力、技术等要素受收益差异吸引而由落后地区向发达地区流动的现象，结果造成落后地区的衰退，区域差距扩大。二是扩散效应，当经济发展到一定水平时，资本、劳动力、技术等要素出现一定程度地从发达地区又流向落后地区的现象。缪尔达尔认为，地区间相互作用的纯效应是回流效应和扩散效应的合效力。回流效应和扩散效应可能相互抵消，达到暂时的平衡，但回流效应总是远大于扩散效应，市场作用力所起的作用是趋向于增加而不是减少区域差异。在贫困的国家中，市场作用力的自由运行将加大原有的地区差异，导致发展更加不平衡。

根据上述理论，缪尔达尔提出了区域经济的政策主张：在经济发展过程中，当某些地区已累积起发展优势时，政府应当采用不平衡的发展战略，通过发展计划和重点投资，优先发展这些有较强增长势头的地区，以求得较好的投资效率和较快的增长速度，并通过这些地区的发展及其扩散效应来带动其他地区的发展。同时他指出，各地区发展的差别也不宜拉得过大，当发达地区发展起来后，为了防止累积性因果循环造成的贫富差距无限制扩大，不应消极地等待发达地区产生扩散效应来消除这种差别，而应由政府采取一定的特殊措施来刺激不发达地区的发展，尤其是不发达地区的政府应制定相应的对策来发展自己的经济，缩小这种差异。缪尔达尔的理论经西方一些学者利用统计方法检验，被认为大致符合实际情况，因而受到了发展经济学家和发展中国家政府的重视。

3. 赫希曼非均衡增长理论

赫希曼将非均衡增长看作是区域经济发展最为现实的方式，他在《经济发展战略》一书中对均衡增长战略进行了批驳。赫希曼认为，均衡发展战略的实施需要很强的规划和投资能力，以及大量的经营和管理人才，而这些人力资源在发展中国家极为欠缺，因此资源和能力的限制导致发展中国家能同时进行的项目数量必然有限，不得不在可能的投资项目中进行选择；均衡发展理论所倡导的大规模投资在促进经济增长的同时，也不可避免地付出巨大的代价，如传统生活生产方式的改变、旧行业旧技术的淘汰、环境恶化等负外部效应，从而阻碍经济发展。

赫希曼明确指出：经济发展不会在各处同时出现，一旦它在某一点出现，强大的经济增长力将在这最初的出发点周围形成空间的集中。在经济发展过程中，往往在一个或几个区域实力中心首先得到发展，增长点或增长极的出现必然意味着增长在区域间的不平等是增长本身不可避免的伴生物和前提条件。他认为，经济增长的累积集中是必然的。在一部分国土上的经济增长显然会变为促进其他部分国土经济增长的动力。赫希曼对区域不平衡增长的分析与缪尔达尔有某些相似之处。他将增长地区设为"北方"，而将落后地区设为"南方"，并且指出：北方的增长对南方将有很多有利或不利的直接经济影响。他将有利的影响称为"渗透效应"，而将不利的影响称为"极化效应"。渗透效应形成的原因，主要是由于北方对南方的购买力和投资的增加；同时，由于贫困地区隐蔽失业和外向移民，南方的边际劳动生产率和人均消费水平也可能增加。极化效应的形成，则是由于北方有效率的生产者通过竞争抑制南方的经济活动，同时，由于选择性移民，使得南方失去了关键的技术人员、管理人员和有进取心的年轻人。

在赫希曼非均衡增长理论中，经济要素自由流动基础上的非市场力量的参与，包括政府的积极干预等，将在渗透效应中发挥重要作用：政府干预行为对区域间效应的刺激效果，也只有在经济要素的自由流动的基础上才能显现出来。

（二）新古典区域经济增长理论

新古典区域经济增长理论学派是运用标准的新古典国家增长理论来分析区域经济增长的学派，即将国家增长理论移植到区域层面。新古典区域经济增长理论沿用了新古典经济学分析的如下假设：①经济制度和个人偏好既定；②产出、资本和劳动之间的关系服从新古典主义总量生产函数，具有资本和劳动的可替代性、边际收益递减、规模收益不变的性质；③技术进步产生于机遇，是外生变量；④劳动力以固定外生速度生长。新古典经济增长理论认为，由于资本和劳动的相互替代性，那么经济的均衡增长可以通过调节资本和劳动的比率来实现，经济的稳态均衡是存在的。如果在某一时刻偏离了稳态均衡路径，劳动力的增长速度高于资本存量的增长速度，资本的价格（利息率）将提高，劳动的价格（工资率）将会相对下降，那么在所使用的生产要素中，资本劳动比 k（$k=K/L$）将会减少，由于边际收益递减率的逆向作用，资本产出率将会下降。在储蓄率不变的前提下，资本产出率的下降又将导致资本存量的增长速度提高。这种调整过程一直持续到资本存量的增速与劳动力的增速相等为止。那么在长期中，经济增长就可以通过调整资本产出率而自动实现充分就业。

新古典区域经济增长理论沿袭了新古典国家增长理论中对经济发展前景的乐观看待，认为经济发展是一个渐进和谐的过程，持续的经济增长是可能的：在市场机制的作用下，要素将自动流向报酬较高的地方，使得区域内落后地区比发达地区经济增长的速度更快，区域差距在长期发展中逐渐缩小，区域发展水平趋于收敛。因此，在新古典区域经济增长理论中，市场机制是区域经济协调发展的主要调节机制，它具有三大优点：一是有效配置资源提供对经济增长的刺激；二是作为有效的管理工具实现政策目标；三是提供广泛的低成本信息。区域经济发展收益会通过市场机制引导生产要素流动，进而传导到整个区域经济体系，使整体区域发展呈现出稳定、协调的发展态势。

新古典区域经济增长理论对区际差异最终趋于收敛的解释具有一定的适用性，但也存在诸多明显的不足。首先，新古典区域经济增长理论在完全竞争的假设下考察区域经济增长问题，而信息不对称、交易成本高昂等市场机制不完善现象在发展中国家比比皆是，因此该假设并不符合大多数发展中国家的现实；其次，新古典区域经济增长理论假定总量函数具有规模报酬不变的性质，要素投入与产出同倍增长，而对工业化远未成熟的发展中国家而言，生产资源配置并不如想象中合理，有可能导致规模收益递减的现象出现；再次，新古典区域经济增长理论过分强调了政府失灵，主张政府减少对区域经济活动的干预，而忽略了在公共物品提供、外部性、信息不完全等问题上的市场失灵，从这个角度上讲，政府在经济发展中的作用就不容忽视。

（三）新经济增长理论

20世纪80年代中期以来，增长理论领域出现了新的突破，以罗默、卢卡斯为代表的学者提出了新经济增长理论。新经济增长理论的主要任务是解释经济增长率差异的原因和解释经济持续增长的可能，它放松了新古典经济增长理论关于技术和人口增长外生的假定，将知识、人力资本等技术进步因素与人口增长率作为内生变量引入经济增长模式中，因此新经济增长理论也被称为内生增长理论。新经济增长理论关于经济增长的内在机制的研究集中于知识溢出、人力资本、研究与开发、劳动分工和专业化等产生报酬递增和市场垄断等主题，对经济区协调发展机制的研究具有诸多启发。

1. 知识在区域经济增长中的内生作用

20世纪80年代以来，以罗默的知识溢出模型为标志的新增长理论在完全竞争框架下深入分析了外部性作用下的经济增长问题。罗默以阿罗的干中学思想为基础，建立了一个以知识生产和知识溢出为基础的知识溢出模型。该模型认为知识品具有同一般私人物品不一样的性质，即使用上的非竞争性和占有上的部分非排他性，这使得知识具有溢出效应，保证在一个创新经济中长期的收益递增。这样，罗默模型实际上同"干中学"模型一样，通过知识积累的"副产品"性质和知识存量的外部性得到了内生增长。知识溢出的存在还造成厂商的私人收益率低于社会收益率，不存在政府干预时厂商用于生产知识的投资将减少，从而使分散经济的竞争性均衡增长率低于社会最优增长率。罗默开出的政策药方是：政府可以向生产知识的厂商提供补贴，或者在对知识生产提供补贴的同时减少其他生产

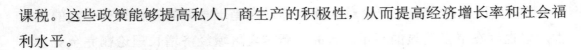
课税。这些政策能够提高私人厂商生产的积极性,从而提高经济增长率和社会福利水平。

2. 区域经济协调发展中的市场失灵

在卢卡斯的人力资本溢出模型中,卢卡斯将人力资本的溢出效应解释为向他人学习或者相互学习,一个拥有较高人力资本的人对他周围的人会产生更多的有利影响,提高周围人的生产率,但它并不因此得到收益。因此人力资本的溢出效应导致了整体经济中外部性的产生,其大小可以用全社会人力资本的平均水平来衡量。卢卡斯将经济部门划分为物质生产部门和人力资本生产部门两大类,人力资本的生产技术与投入该部门的人力资本规模呈线性关系,物质生产部门则在人力资本外部性的作用下显示出收益递增现象。在卢卡斯模型中,经济也可以实现无限增长。

但是由于物质资本生产呈现出收益递增,物质资本与人力资本的比率将持续提高,简单劳动者的工资也将增加。卢卡斯根据这个模型解释了市场机制作用下资本和劳动自动从欠发达地区流向发达地区的现象。根据卢卡斯模型,经济区内发达地区由于人力资本水平高,它的资本边际效率和简单劳动者的工资都较高,物质资本生产的收益递增将诱使外部资本和工人流向发达地区,最后导致资本和人口都集中于发达地区。人力资本外部性导致的市场失灵,使得不存在政府干预时的经济增长均衡是一种社会次优,人力资本的投资将过少。

3. 政府通过公共服务作用于经济增长的内在机理

巴罗的公共部门模型将政府投资支出作为生产性公共资本进入生产函数,从而成为推动内生经济增长的决定性因素。巴罗认为,由于与公共支出、征税相关联的外溢效应,投资的社会收益率超过私人收益率,私人决定的储蓄和经济增长率是次优的。在巴罗看来,政府在区域经济协调发展中扮演着决定性的角色,因为政府可以通过提供公共服务使生产实现规模收益递增,进而使经济实现内生增长。具体而言,政府采取平衡预算的政策提供纯公共品时,可以通过一次总赋税制使经济增长达到动态最优;当政府提供混合公共物品时,政府可以通过比例税制实现持续的经济增长。

4. 市场范围与劳动分工互动演进起着重要推助作用

20世纪90年代,杨小凯、贝克尔等人受杨格思想的影响,进一步阐述了分工演进对经济增长的影响。提出由于专业化利益的存在,经济会从自给自足向劳动分工状况演进，由于存在交易成本，人们对专业化水平有最优决策，所有人的专业化决策一起决定了当时经济的劳动分工水平，从而决定经济增长率；劳动分工的演进扩大了市场规模，而市场规模的扩大反过来又促进劳动分工的演进。只要劳动分工演进到一定水平并保持了进一步分工的潜力，人均收入就会不断提高，保持经济的持续增长就是可能的。因此，即使人口不增长，只要保持了分工的潜力，经济就可能增长。

三、组织机制的基本理论

组织机制是经济区域协调发展中独立于政府和市场之外的企业及中介组织，为经济区域市场正常运行和政府有效干预调控以及政府和市场相互沟通起到桥梁作用的运行机制。经济区域协调发展中组织机制的基本理论包括系统论、市民社会理论和公共治理理论。

（一）系统论

"系统"一词由来已久，在古希腊是指复杂事物的总体。到近代，一些科学家和哲学家常用"系统"一词来表示复杂的具有一定结构的整体。在宏观世界和微观世界，从基本粒子到宇宙，从细胞到人类社会，从动植物到社会组织，无一不是系统的存在方式。奥地利的贝塔朗菲于1953年发表了"抗体系统论"，比较完整地提出了系统论思想。1973年，他又提出了一般系统论原理，奠定了这门科学的理论基础。

系统论是研究系统的模式、性能、行为和规律的一门科学。它为人们认识各种系统的组成、结构、性能、行为和发展规律提供了一般方法论的指导。系统是由若干相互联系的基本要素构成的，它是具有确定的特性和功能的有机整体。系统主要包括三个特点：其一是系统的整体性；其二是系统由相互作用和相互依存的要素所组成；其三是系统受环境的影响和干扰，和环境相互发生作用。从实际情形来看也是这样，任何系统都必须具备这三者，缺一不可，否则就不能称其为系统，也谈不到系统的作用。它可以促进组织的发展，也可以阻碍组织的发展，在一定条件下，甚至可以对组织的存在和发展起着决定性作用。环境也是组织发展的必要条件，任何组织都同其周围环境相互联系、相互作用，都不可能孤立地存在和发展。如果系统与外界或它所处的外部环境有物质、能量和信息的交流，那么这个系统就是一个开放系统，否则就是一个封闭系统。开放系统具有很强的生命力，它可能促进经济实力的迅速增长，使落后地区尽早走上现代化，如改革开放已大大增强了我们的综合国力，我国的许多边远地区由于交通不便、相对封闭，还处于比较落后的状态。

系统论强调系统的整体性和开放性，追求系统利益的最大化和结构优化。就本书而言，每个子区域的发展都是区域经济发展的重要组成部分，它们之间相互作用、相互依存，只有各自区域共同发展产生统一作用和联合作用，才能强化经济区内部联系，使其发生协调、同步、互补的效率，来从整体上促进经济区发展；那么反过来，倘若经济区内各子区域发展差距过分悬殊，则是区域经济系统结构失衡的体现，影响系统的整体经济活力。

（二）市民社会理论

"市民社会"是一个有着悠久历史的基本内涵，它是指一种不同于国家构造的社会形态。早在公元 1 世纪，古罗马哲学家西塞罗便提出了"civilis societies"概念，表示一种区别于部落和农村的城市文明共同体。洛克则第一次将市民社会作为逻辑推演中一个分析概念来使用，他的市民社会等同于其政治哲学中从自然状态经过订立契约而形成的政治社会，他把它作为人类发展逻辑中的一个阶段，即有政治的阶段。黑格尔在吸收前人思想的基础上，首次将政治国家与市民社会进行明确区分，提出了现代意义上的市民社会概念。在黑格尔看来，市民社会和国家是有区别的，它仅仅指现代资本主义社会兴起后的一种社会形态。在经过以上区分后，市民社会的内涵开始侧重指向那些区别于国家与家庭的众多繁杂组织。

储建国将"市民社会"概念的演变过程分成以下三个阶段：①市民社会同野蛮社会的分离，以商业化、政治化的城市出现为标志，完成于古罗马时代；②市民社会同政治国家的分离，以代议制政治的形成为标志，完成于十七、十八世纪；③市民社会同经济社会的分离，当代西方社会正试图完成这一过程。从这个过程中不难体会到，人类在不断进行自我否定，不断被异化又不断被超越异化。

从理论上看，市民社会理论为非营利组织的出现和发展奠定了理论基础，当市民社会理论在现今社会再度流行时，学术界的焦点已经转移到区别于政府机构的各类组织身上，这些组织被视为市民社会的核心。从发达国家到发展中国家，民众正在创建各种社团、基金会和类似的组织，在追求经济发展、环境保护等种种目标中发挥越来越重要的作用，它们作为政府和市场的有效补充，共同承担社会管理和公共服务的任务，以自己特有的力量推动区域经济协调发展。突出表现为市民社会的兴起和相关理论的发展推动着协调主体的日益多元化。政府不再是区域经济发展中高高在上的、掌管一切的唯一权威，而是与社会共处于更加融洽的合作关系发展。从这个角度来说，市民社会理论揭示了非营利组织等"第三方力量"在经济区域协调发展中的重要角色，在对经济区域协调发展的机制分析中，就不能无视组织机制的作用。

（三）公共治理理论

"治理"一词由来已久，可以追溯到中世纪，其拉丁语词根的意思是"操舵、驾驭、领路"。20世纪中后期，随着西方国家市场与政府角色的变化，治理得以兴起。1989年世界银行在讨论当时非洲的情况时提出了"治理危机"一词，引起了较大反响。20世纪90年代以来，"治理"频繁出现于联合国多边和双边机构、学术团体及民间志愿组织的出版物上，联合国有关机构还成立了"全球治理委员会"，致力于解决全球化和信息化条件下全球范围的经济社会发展问题。

在有关治理的各种定义中，全球治理委员会对"治理"所下的定义最具代表性和权威性。该委员会在1995年所发表的一篇名为《我们的全球伙伴关系》的研究报告中对治理作出如下界定：治理是各种公共的或私人的机构管理其共同事务的诸多方式的总和。它是使相互冲突的或不同的利益得以调和并且采取联合行动的持续过程。它既包括有权迫使人们服从的正式制度和规则，也包括各种人们同意或以为符合其利益的非正式的制度安排。斯托克进一步总结了学术界关于治理的五种观点：①治理意味着一系列来自政府但不限于政府的社会公共机构和行为者；②治理意味着在为社会和经济问题寻求解决方案的过程中存在着界限和责任方面的模糊性；③治理明确肯定了在涉及集体行为的各个公共机构之间存在着权力依赖；④治理意味着参与者最终将形成一个自主的网络；⑤治理意味着办好事情的能力并不限于政府的能力。

公共治理理论对我们最大的启示在于：它强调了除了政府和市场之外的第三部门在国家社会治理中的作用。在公共治理理论出现之前，西方国家公共管理中主要采取两种方式：一种是市场化的管理方式，一种是层级制、集权式的政府管理方式，但在经济发展过程中这两种方式的缺陷表现得愈加鲜明，市场失灵的存在使得单凭市场的力量无法达到帕累托最优目标，政府失灵的存在也意味着政府的层层计划和行政命令无法使资源配置趋于最优，市场机制和政府调控机制的自我缺陷在经济区域协调发展运行过程中仍然存在，那么在实践中我们就需要重视除政府和市场外非政府组织、企业在内的第三部门在经济区域协调发展中扮演的重要角色。

除此之外，公共治理理论还有两点需要我们注意的地方：首先，公共治理的基础在于市场经济体系的完备，因此推动构建成熟市场经济体制是推进经济区协调发展的重要任务；其次，公共治理强调政府与民间、公共部门与私人部门之间的合作与互动，这对我们构建政府—市场—组织三位一体的经济区域协调发展的机制框架有很大的启发。

第二节 农业技术推广服务模式与创新发展的基本理论

一、农业技术创新理论

（一）改造传统农业理论

改造传统农业理论由西奥多·舒尔茨于20世纪60年代提出。他将传统农业定义为技术状况、获得与持有传统生产要素的动机、传统生产要素的供给和需求均保持长期不变的经济均衡状态，并指出传统农业中储蓄率和投资率偏低、资本缺乏的根源，不在于农民储蓄太少或是企业家不足，而在于对原有生产要素追加投资所产生的收益过低，难以形成对储蓄和投资的有效刺激。他强调，"学会现代要素的最佳使用方法，不仅需要新的知识，也需要新的技能。这种知识与技能事实上就是对农民的一种投资"。因此，在他提出的改造传统农业的方案中，农业投资（尤其是对农民进行人力资本投资）是实现改造的根本条件。

在此基础上，国内学者结合中国农业发展情况，对该理论进行了一定的补充与完善：杨永华认为舒尔茨的改造传统农业理论能为中国"三农"问题的解答提供有益启示，关键一点是要改革现行的乡镇行政管理体制与财政体制，从而切断对农业剩余的吸纳管道，为农业现代化积累资本。朱广其等提出，可以通过政府技术供给推动、龙头企业带动、中介组织联动和农业生产者自主四个方面，进行传统农业的现代化改造。邓大才在综合众多现有研究成果的基础上，指出改造传统农业理论的四个方向：低成本的生产收入流来源、新的生产要素、农民采纳新生产要素的时间以及相应的人力资本投资。

根据改造传统农业理论，通过人力资本投资，提升农业生产者的学习和生产能力；同时，不断地向农业生产者提供优质廉价且易于获取的生产要素，是改造传统农业的根本途径。在创新驱动发展的社会大背景中，农业技术创新无疑是实现农业现代化最为核心的手段，主要体现在：一方面，在农业技术创新过程中，处于不同环节中工作人员的研究与学习，将有助于全面提升农业产业内人力资本和知识资本的积累；另一方面，作为农业技术创新的重要成果，新的农业技术是新生产要素的物质基础，也能够成为农业生产者的低成本生产收入流。

（二）诱致性技术创新理论

诱致性技术创新的概念最早是希克斯在《工资理论》一书中提出来的。后经发展形成两个方面的理论，一是诱致性技术创新理论，二是诱致性制度变迁理论。诱致性技术创新理论又有两种学说：其一是以希克斯、速水佑次郎、拉坦和宾斯旺格为代表的要素稀缺性诱致学说，该学说将技术变革视为经济发展的内生变量，通过促进经济中相对丰富要素对稀缺要素的替代，实现资源稀缺对经济增长制约的接触；其二是以施莫克勒和格里克斯为代表的市场需求诱致学说，该学说则提出，技术创新是一种经济行为并以预期收益为目的，而预期收益的大小决定于新产品的预期销售额，即市场需求诱致技术创新的程度。国内学者也从实证与理论的角度对该理论进行了扩展：林毅夫是首位运用诱致性技术创新理论研究中国农业经济发展的学者，其研究成果也为该理论假说提供了有力支撑。何爱等研究了近五十年来诱致性技术创新理论的演变过程并对相关文献进行综述，发现现有研究多以发达国家（地区）农业的发展情况作为理论验证，并指出运用这一理论来研究中国农业仍有较大的空间。郭熙保等回顾与评述了速水佑次郎及其合作者开创的诱致性技术—制度创新理论，认为速水佑次郎后期采用的技术—资源—文化—制度协同演进分析框架，对研究中华民族复兴和经济转型意义重大。

根据诱致性技术创新理论，不同地区要素禀赋的差异性将引致不同的农业技术创新路径，同时市场需求分布的地区性差异也将对农业技术创新的变迁产生重要影响。随着我国人口红利的逐步消失和土地流转制度的逐步完善，实施农村振兴战略必然明晰和引导中国农业技术创新的路径和发展方向：一方面，各地区需结合当地禀赋特征（劳动和资本的密集程度等）制订较为长远且兼具地方特色的

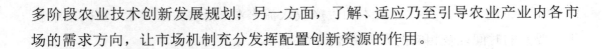

多阶段农业技术创新发展规划；另一方面，了解、适应乃至引导农业产业内各市场的需求方向，让市场机制充分发挥配置创新资源的作用。

（三）创新经济学理论

经济学家熊彼特将创新和企业生产联系在一起，建立了创新经济学理论的最初体系。随后，技术创新理论的发展经历了以下四个阶段：构建包含以技术进步的生产函数；将技术创新的模仿和推广作为研究对象；把技术进步与市场结构的关系视为研究核心；以国家为技术创新的主体进行研究。其中，沃尔什、弗里曼等先后构建的"熊彼特企业家创新模型 I"和"熊彼特大企业创新模型 II"，其影响最为广泛，以此形成以技术变革和技术推广为对象的技术创新经济学，已成为当代西方经济学的重要理论分支。近年来，技术创新已成为国内经济学者研究的热点：张宗和等通过对技术创新机理的分析区分了影响技术创新能力的直接与间接因素以及技术创新的初始与最终绩效，并以此进行实证分析。唐未兵等运用省、区、市数据实证，提出技术创新不利于经济增长集约化水平的提高，而外资技术的溢出和模仿效应对经济增长集约化水平会产生正效应。毛昊等从理论和实证两个层面论证了中国实用新型专利制度未能进入理论预期的"倒 U 形"增长模式，实现发明专利对实用新型专利的挤出与替代，有着落入"实用新型专利制度使用陷阱"的风险。

根据创新经济学理论，农业技术创新不仅直接决定了农业生产效率的高低，更对农业产业内不同市场的形成与发展也至关重要，同时也是一国农业国际竞争力的测度指标。2008 年金融危机过后，贸易保护主义逆风来袭，中国农业进出口亦饱受冲击，进一步推动农业技术创新发展将是应对这一局势的最佳举措：首先，农业技术创新能够全面提升粮食产出能力，为国家粮食安全提供重要保障；其次，通过农业技术创新的溢出效应，将有助于农业产业结构转型升级；最后，农业技术创新是我国农业现代化的必经之路，也是提升我国农业竞争力的可靠工具。

二、准公共产品原理

准公共产品是指具有有限的非竞争性或有限的非排他性的公共产品，它介于纯公共产品和私人产品之间，如兴建的公园、拥挤的公路等都属于准公共产品。对于准公共产品的供给，在理论上应采取政府和市场共同分担的原则。

西方经济学将公共产品和私人产品做了明确划分。区分的标准为是否具有排他性和竞争性。农业技术服务介于这两者之间。当前我国处于农业产业效益仍然偏低、农业知识产权体系不健全、农业技术商品化程度较低和农业市场体系尚不成熟的转折时期，大部分农业领域的技术创新投入依靠企业或个人将难以达到理想的投资回报率。农业技术推广所具有的准公共物品和外部性特征，要求农技服务既不能采取单一的政府供给模式，也不能完全交给市场化的涉农企业或技术服务机构及私人来运作。对此，在新型农业技术服务体系构建过程中，应当坚持政府与市场企业相结合、引入多元主体相互分工合作的方式，既要注重发挥政府的基础性保障作用，又要充分利用市场资源和社会资源，采用多种机制协调运行发展，促进我国农技服务体系的健康发展。

准公共产品可由政府机制、市场机制和非营利组织机制分别提供，但由于政府失灵、市场失灵和自愿失灵，每一种制度安排都有自身的缺陷。因此，选择一种复合的制度安排，即由政府的强制机制、市场的自愿机制和非营利组织的志愿机制合力构建的制度安排，是实现准公共产品供给的高效和可持续发展的前提和基础。

在准公共产\品供给具体运行过程中，三种供给机制都可能存在失灵。由于排他或收费的困难，通过市场机制供给准公共产品会产生供给不足，这种困难的根源在于公共产品交易中高昂的私人交易成本，也就是说精确地度量产品的性能和使用情况，严格地排除不付费者以确保付费者的产权、自由地转让所拥有的产权等，费用是相当高的，以至于无法进行有保证的产权交易，产生搭便车问题。

三、农业结构原理

农业结构理论的提出、农业技术服务体系的组织架构决定了其组织功能与运行效率。农业技术推广与服务功能的本质是把潜在的生产力转化为现实生产力，如要强化这一功能，就必须搭建起合理的组织架构体系，保持结构和功能之间的协调运行。首先，纵向上要有合理的机构层次布局；其次，横向上要强调不同要素之间的关联与互动；最后，就是横向和纵向之间的融合，各方面都协调一致才能最大限度地提高科技成果的转化率。目前在我国农业技术推广过程中，组织设定以及运行机制还不是很完善，机构重复设置、多头管理、指挥失调的现象频频出现。因此，政府应该不断创新和完善农业技术推广体系的体制机制，明确各农技服务主体的功能职能，以及政府各部门的管理职责，健全政策与法治环境，完善协调与联系机制，为农业技术服务体系搭建科学管理架构，营造良好运行环境。

四、参与式农技推广理论

参与式农技推广与一般意义上的推广方式迥然不同。传统的农技推广工作，大多是从立项开始，到后期的实地调查，以及最终的项目实施计划，往往只有项目主持人和少数参与者共同完成，忽视了最重要的推广对象的参与。参与式农技推广强调的恰恰是在农业技术项目的选项、立项以及实施的整个推广过程中，农户作为农技推广对象的项目主体。在这个过程中，农民代表参加推广人员和研究人员的调查、讨论活动，有表达决策权，能够充分调动农民参与和推广使用新技术的积极性。而针对农户需求开展的各种推广活动，也能达到良好的效果。对于农技推广人员来说，学习参与式农技推广方法对于提高建设社会主义新农村的自觉性和创造性具有很重要的现实意义。

第三节　经济增长的理论基础

一、古典经济增长理论

20世纪40年代，英国经济学家哈罗德和美国经济学家多马提出哈罗德－多马模型，是西方经济学领域较为重要的经济增长模型。由于模型将技术进步定性为外生变量的不变性，仅仅将资本作为影响经济增长的重要因素，因此，从技术进步对农业经济发展的影响上没有直接的解释。后期由知名美国学者索洛和英国学者斯旺在此基础上发展了经济增长模型，即新古典经济增长理论——索洛－斯旺模型。索洛－斯旺模型也将技术引入作为外生变量，但受时间周期影响，技术是对模型有着重要影响的因子，具体来说就是人均收入的增长是基于长期以来的新技术引起储蓄和投资水平的增加，也即是增长源于技术。从该经济理论出发，可以明白，农业经济增长不仅源于传统生产要素的投入，而且在某一时期技术的进步才是推动农业经济发展的关键因子。

根据新古典经济增长理论，由于技术进步是经济增长的重要标志，因而在揭示技术进步对农业经济发展方式转变的过程中，技术型生产函数（如道格拉斯生产函数等），成为研究的核心，并由此推导出的技术贡献率成为技术进步、经济增长的科学解释。具体来说，在农业经济发展中，技术进步对农业发展的作用则主要是通过这一研究方式来测度农业技术对农业经济发展的贡献率。

亚当·斯密在《国富论》中以分工开篇，指出分工是以前一个人做的工作现在由几个人来分别承担。亚当·斯密认为生产力的进步是分工的结果，各种生产的效率因分工而显著增长，这是国民富裕的基础。他以造针厂为例说明分工的生产力效果，凡能采用分工制的工艺，一经采用便能提高劳动生产率。究其原因主要有三个方面：一是劳动者因专业化而熟能生巧；二是专业化可减少工作转换的时间；三是专业化能令劳动者在生产实践中钻研出许多可以简化和可以节约劳动的技术或机械方面的发明。分工的过程必然伴随着专业化，即人们从事的经济活动范围变小，甚至专于一业或专于生产的某一环节。个人专业化选择自己最熟练的产品的生产，并将其与别人的产品进行交换。亚当·斯密认为，人类天生具有互通有无的交易倾向，这种倾向为人类所共有和特有。分工受到交换能力的限制，如果市场太小，人们没办法发展分工。手工业者往往聚集在中心城镇，是因为村子的市场太小，专业化分工的产品卖不出去。亚当·斯密将市场范围与运输效率联系在一起，因为运输可以在一定程度上解决市场范围的问题。在亚当·斯密所处的年代，以马车为代表的陆运效率低下，水运效率则要高得多。直至今天，水运的成本和效率仍具优势。因此，分工改良往往开始于沿海沿江地区，这些地区也往往因此而最先富裕起来。马克思在《资本论》中对分工有许多精彩描述。在他看来，一个民族的生产力与分工的发展程度息息相关。很多人共同劳动时，不同的人负责不同的操作，人们分工协作，可以节约生产一定产品的劳动时间。马克思把分工协作的生产力效果称为集体力，集体力产生的原因与亚当·斯密的分析非常类似，只是表述不同。分工之后，局部劳动可以完善劳动方法，从经验中改进技艺，减少工作转换，缩短工作空隙，加强劳动强度，节约劳动的非生产性损耗。早期的古典经济学家也赋予了分工专业化以重要意义。古希腊的柏拉图认为专业化分工可以增进社会福利；色诺芬认为城市的产生与分工的演进息息相关；威廉·配第发现，荷兰的商品运输之所以便宜，是因为将每只商船专门用于运输一种商品；亨利·马克斯威尔和乔舒亚·塔克指出了分工的三大好处，即改进人力资本和提高技能、节省转换活动的时间和促进机器的发明；约瑟夫·哈利斯和乔舒亚·塔克认为，分工与产品种类数增加、生产迂回程度加深有紧密关系，并具有生产力效果；李嘉图主张根据比较优势发展国际分工和国际贸易；巴比奇指出分工可以节省学习费用。古典式增长理论强调分工专业化与自由市场交易，亚当·斯密用"看不见的手"描绘个体的自利决策最终将导致社会合意的结果。威廉·配第用"劳动是财富之父，土地是财富之母"描述财富增长的供给要素，而分工专业化将导致这些供给要素生产力的增进。在当时的历史条件下，古典经济学没有系统地强调制度因素。亚当·斯密将分工的受限条件归为市场范围，而市场范围主要决定于运输条件。

二、农业技术扩散理论

农业技术扩散理论是基于舒尔茨现代要素技术创新理论及农业技术诱导变革理论发展而来，并由约翰逊、科克伦完善发展。其理论观点中强调了农产品市场作为一个完全竞争市场，其技术创新往往具有外部效应，农业技术发明创造多源于非农领域技术创新。非农领域的新技术传递效应明显，是由于新技术应用所带来的生产力的进步促进了超额利润产生，一些技术跟进者就会希望将其利用到新的行业领域获取新的收益，农业作为基础性的行业，往往成了这些新技术应用的重点领域，农业技术扩散系统运行的总过程遵循着信息交流的基本模式，并由供给子过程、交流子过程、采用子过程三个子过程构成。农业技术增量在这样的传导机制中得到了明显的提高。

该理论还认为，人们可用于农业生产活动的资源总是有限的，资源可供量的限制迫使任何一个农业部门的经济系统在解决自身发展中所遇到的问题时，必须寻找能够最充分地利用现有资源、对实现本系统目标最有利的技术手段，农业技术扩散与资源禀赋的关系极为密切，农业技术扩散的速度受资源禀赋条件的制约。

舒尔茨提出制度和技术是传统农业改造的两个关键因素。除了政府需要提供制度保障之外，更为重要的是需要引进技术变化、技术进步。舒尔茨不仅从供给的角度强调了引入新的现代农业生产要素，还从需求的角度进行了分析。他强调在引入技术的时候要充分结合实际，将农民的接受意愿和实际生产需求纳入考虑因素。

技术创新扩散的理论在瑞恩和格罗斯有关杂交玉米扩散的著作发表后，才真正在学术界确立了地位。此后尽管有关农业技术创新扩散的研究成果浩如烟海，但绝大多数的研究主要集中于两个方面：①宏观层次上的技术创新扩散，内容包括技术创新扩散的过程研究、扩散模式及其机制研究以及扩散速度及其影响因素的研究；②微观经济主体的创新采纳决策，内容包括创新采纳者分类及其决定因素研究、创新采纳的过程及其影响因素的研究。前者的研究从宏观上分析创新如何传播并被市场采纳的更为广泛的问题，既包括有意识的技术转让，又包括无意识的技术传播，而后者则强调了技术采纳方决策对扩散的影响，是一个有意识的主观经济行为。

宏观层次的农业技术扩散的研究主要集中于技术采用过程中的扩散规律及其影响因素的动态分析。该类研究较多地利用逻辑斯蒂或康柏次函数模拟某种新技术随时间的变化而呈现的扩散过程，该过程为"S"形曲线，从先接受者开始，慢慢过渡到中期采用者，最后到晚采用者。不同技术在不同社区的扩散都可以通过"S"形曲线描述，并有着显著的差异，如杂交玉米在艾奥瓦州的平均扩散周期为9年，而除草剂的扩散周期则要2.2年。

有关农户技术采用及需求行为的研究，还大量地探讨了农业本身的特质和农村的经济环境对农户技术采用行为的影响。大多数学者认为由于传统农业中劳动力充裕、资本稀少、规模较小，农民的文化水平和现代技术知识有限，这样，传统农业中农民采用新技术就受到以下因素的影响：①不易获取有关的技术信息；②农民不愿意承担采用新技术的风险和代价；③缺乏适当的替代技术；④其他的市场不利条件给农民采用新技术造成的障碍。由于这些不利因素的影响，使得农民对技术需求不足，导致技术进步停滞。除农业本身的特质对采用行为的影响外，速水佑次郎和拉坦针对农村经济环境对农业技术的产生与扩散的影响提出了农业技术诱导理论，指出农民对农业技术的需求是促进农业技术产生与扩散的主要原因，生产要素价格的变动诱导产生了各种各样不同类型的技术，从生产成本的角度考察了成本变动对农户技术采用行为的影响。

第四节　农业技术推广与经济发展的耦合原则

一、作用机理

本书以改造传统农业理论、诱致性技术创新理论、创新经济学理论为基础，从农业知识积累、结构优化和要素优化两个方面，来阐明农业技术创新的作用机理。具体分析如下：

第一，从定义来看，农业技术创新首先将作用于农业领域的知识层面，通过农业专门知识的积累来提升农业经济发展的潜力。创新经济学理论表明，一项新的技术创新必须以现有农业知识（技术、理论等）为基础，通过某些幸运和努力工作（研究与开发）得到新的科学发现，但只有当由此产生的新技术发明转化为商业上切实可行的技术创新后，它才能通过知识的溢出效应不断扩散开来，最终带来农业知识水平的提升。改造传统农业理论则指出，农业从业者是这些知识的承载者、应用者和创造者，只有通过广泛而有效的人力资本投资，全面提升他们的学习和生产能力，并将这些知识转化为优质廉价且易于获取的生产要素，才能够彻底地实现对传统农业的改造，进而实现农业现代化。

无论是新古典经济增长理论，还是内生经济增长理论，都把对经济增长的影响因素归结为资本、劳动力与生产资料之外的技术进步。从本质上来说，农业技术发明、农业技术创新和农业技术扩散三个阶段依次构成了广义农业技术进步的过程。其中，农业技术创新是农业技术进步最重要的部分，正如前文所说，农业技术进步是各种农业技术创新活动的累积性经济体现。我国农业经济发展在自然资源与生态环境约束背景下进行的环境友好农业技术创新活动，根植于整个农业经济运行系统中。因此，环境友好农业技术创新首先驱动了农业技术进步，对农业技术进步起到主导推动作用，然后农业技术进步再次促进或推动了农业经济增长。

推动农业经济增长的三个重要因素分别是：广义的农业技术进步、劳动、资本，而广义农业技术进步又是由面向环境友好的农业技术创新、制度创新与管理创新三个方面的创新活动相互重叠组成的。因此，可以看出，农业经济增长中除去资本、劳动的贡献后，即是广义农业技术进步对农业经济增长的贡献。在资源与环境的约束下，通过传统农业技术与环境友好农业技术的发明、创新与扩散来实现农业科学技术的进步；农业制度创新通过制定并实施新农业政策、调整农业产业结构与改善农业经营管理方法等来改变农业技术进步的方向；而管理创新活动则以农业环保意识的提升、搭建良好农业技术设施、开辟新市场等方法影响着农业生产率。通过提升农业科学技术和资源配置效率，最终和资本、劳动力共同促进农业经济增长。基于此，从宏观经济学的视角出发，农业技术进步是环境友好农业技术创新活动的积累，通过持续不断地将先进的生产要素和劳动工具融入农业生产，改造劳动对象，最终推动农业生产力水平提高、改善农业生态环境，促进农业经济的可持续增长。

第二，农业技术创新通过结构优化和要素优化来提升农业经济发展的动力。一方面，根据诱致性技术创新理论，农业技术创新的成功商业化与推广让那些研发和应用新技术创新的经济主体更具竞争力，并获得更大的市场份额和更多的生产要素，从而使资源逐渐向技术创新密集型生产模式集聚，在该过程中资源配置和生产工具将不断优化，劳动者素质也随之全面提升，由此实现农业部门内要素优化。另一方面，根据创新经济学理论，由于农业技术创新引起市场中要素的重新配置，农业经济主体将调整其组织形式和经营模式以适应新的技术创新，这一过程最终将带来农业产业结构的优化，进而推动农业经济的快速发展和促进国家农业国际竞争力的稳步提升。

在资源与环境约束下，原有的农业生产结构（需求结构、中间投入结构等）在市场需求的导向下按照环境友好农业技术创新的要求发生变化，即经过创新生产的农业技术成果不仅能够有效促进农业资源的高效利用，而且能够有效地避免对资源和环境的技术负效应，最终促进产业结构的升级和新的产业的形成。例如，推广沼气综合利用技术，把沼气以及沼气发酵产物（沼液、沼渣）运用到农业生产过程，在农业沼气建设中降低生产成本、提高经济效益，最终不仅促进农业废弃物的综合利用，而且为农业生产和农民生活提供了新的能源，实现了沼液的综合利用，减轻了环境污染。在此基础上，环境友好农业技术创新通过更新、完善原有的农业生产流程和产业技术，促进农业产业结构优化，进一步带动可持续发展的新型农业。以此凝聚形成环境友好农业技术创新能力，使得农业创新主体有了更多的技术选择与技术支撑，从而加快创新成果扩散，更有效地推动农业经济增长。

经济学家们通常认为高效的资源配置能力是经济增长过程中必不可少的要素。首先，环境友好农业技术创新能够突破现有农业资源的限制，通过秸秆能源化技术、沼气综合利用技术等不断地获得可替代资源，从而减少农业生产要素的投入。其次，环境友好农业技术创新能够优化生产要素的组合方式，进一步实现同等要素投入条件下农业生产总值的增加。最后，环境友好农业技术创新会促使更精细化的农业产业分工，促进农业企业或农户结合自身资源专注于某一技术领域，让这些创新主体有更多的时间提高自身的专业知识水平，促进农业企业或者农户素质和技能的提升，从而提高劳动者生产率，加速农业产出，促进农业经济增长。

二、影响呈现

农业技术创新可能对农业经济发展产生以下影响：①降低农业多元成本。首先，农业技术创新具有减少化肥等生产资料施用量的趋势，从而降低农业生产过程中的物化成本；其次，作为农业技术创新的重要组成部分，农业机械化、信息化和智能化不仅能削减劳动力成本，还能降低由信息不对称造成的各种交易成本；②提高农业要素产出率。农业技术创新提升了生产要素的质量，强化了劳动者的生产技能和生产积极性，实现了生产力的质变提升，从而提高生产要素的综合利用率。同时，产品创新与工序创新带来了生产工具的现代化，促进了各种生产组织中技术与组织结构的优化，减少生产运营环境的不必要损耗；③产生广泛溢出效应。无论是研发过程，还是应用与扩散过程，农业技术创新都会产生溢出效应。首先，研发成果（专利、产品等）的推出会产生知识的溢出效应，进而激励更多的研发活动；其次，通过对到期专利所包含知识的运用与再创新，能够普遍提升农业部门的技术水平，增强竞争力；④推动农业资源优化配置。技术创新的成功商业化通过溢出效应，将吸引大量的效仿者与创新者加入，从而带来更多要素（资金、人才）投入；同时，缺乏竞争力的经济单位在市场选择的作用下，将退出市场或改变其技术结构、经营策略，将要素投入从原有生产模式中释放出来，进一步促进产业内、经济体内的结构调整，使得农业经济向更为高效、技术含量更高的方向发展。

总的来说，在发展农业技术创新的过程中，新农业技术的应用和新农产品的开发，提高了劳动生产率，也扩大了市场需求，进而形成新的增长极，促进农业内结构调整与优化；同时，随着技术创新互动的涌现，市场需求规模不断扩大，吸引更多的资金投入，进一步促进市场扩张，形成新的市场；此外，农业相关产业的集聚，通过内部良好的分工与协同，进而形成产业集群，能够大大降低生产成本，获取规模效益；最后，农业技术创新带来人才、资金、知识的集聚与扩散，能够促使新技术持续不断地出现，推动农业经济向知识型现代化产业转型升级。

第二章　我国农业技术推广服务主体演变历程

第一节　第一阶段（1950—1957年）

中华人民共和国成立初期，全国各级政府高度重视农业生产发展，建立了专门的农业技术服务机构，并安排了专门的农业技术服务工作人员。1952年农业部（今中华人民共和国农业农村部）颁布的《中共中央关于农业生产互助合作的决议（草案）》给出了中华人民共和国成立后农业技术服务体系的最初架构。这一时期，农业技术服务的主体和对象分别是农场和农民，内容主要是优良品种的推广和技术支持等，并且是完全免费和无偿的，技术服务体系的管理负责人员为农场的行政管理人员。在此基础上，农业部于1953年进一步颁布了《农业技术推广方案（草案）》和《关于充实农业机构，加强农业技术指导的意见》，由此构建起基层公益性农业技术推广机构"双重领导"管理体制的雏形。1954年，农业部出台了《农业技术推广站工作条例》，1955年又出台了《关于农业技术推广站工作的指示》，对农业技术推广服务站的性质和任务进行了部署，对具体的组织机构和工作方式都做了详细的规定，各级政府先后开始筹建农技推广机构。1955年，全国有55%的县和10%的区建立了农业技术推广站，共建站4 549个，配备职工32 740人，农业技术推广站的建设进入普及阶段。到1957年，全国共设立了13 478个农业技术服务机构，拥有7.6万名农业技术人员，基本覆盖了全部的区（县），以政府为主导的公益性农业技术服务体系初具规模。

我国在 1950—1952 年基本完成了土地改革任务，广大农民真正拥有了土地，解放了农村生产力，农村生产关系发生了重大变化，农民的生产积极性高涨，给农业科技推广事业发展带来生机。为满足农民对农业生产新技术的需求，政府新建成一批国营农场，并以这些国营农场为主体，建立了一套农业技术推广体系。1951 年颁布的《中共中央关于农业生产互助合作的决议（草案）》规定，"每县至少有一个至两个国营农场，一方面用改进农业技术和使用新式农具这种现代化大农场的优越性的范例，教育全体农民；另一方面，按照可能的条件给农业互助组和农业生产合作社以技术上的援助和指导""提倡新旧生产技术互教互学运动，普及提高旧技术旧经验中有用的合理的部分，逐步与那些可能利用的新技术相结合，不断改良农作法"。1952 年，农业部提出建立"以农场为中心、互助组为基础、劳模技术员为骨干组成技术推广网络"，形成了最初的农业技术推广体制的构建模式，也是企业主导模式的农业技术推广体制的最初形式。其推广的主体是具有农业企业性质的国营农场，推广的对象是农场附近的农民，主要推广的技术是良种等物化技术，技术推广实行无偿援助服务的方式，农场的行政领导层是这一体制的直接管理主体。由于当时生产条件、技术力量、管理水平都比较低，这一体制的推广辐射范围相对较小，发挥的作用也十分有限。

1953 年起，国家农业工作的目标转向解决农民温饱问题和保证国家粮食供应，对农业技术的需求更加迫切。农业部提出关于建立技术指导站的意见，要求以县为单位，根据经济区划的要求，平均每 15 万亩（1 亩 ≈ 667 平方米）（一个区）设一个包括农、林、水利的综合技术指导站。规定技术指导站受县农科所的直接领导，在业务上受上级技术指导部门领导，这是农业技术推广站采取"双重领导"的最初形态。1953 年农业部颁布了《农业技术推广方案（草案）》，要求各级政府设立农业技术推广专业机构并配备专职人员，以互助组为基础，以劳模和技术员为骨干。1955 年农业部又颁发了《关于农业技术推广站工作的指示》，要求应以县以下的行政区来设立农业技术推广站，明确规定农业技术推广站的任务是推广新式农具，传授使用这些农具和维修技术，推广作物优良品种，改进耕作栽培技术，改进牲畜饲养管理方法，推广家畜繁殖和防疫工作，宣传农村政策，帮助农业生产合作社改善管理，培养农民技术骨干，帮助农民建立技术组织，总结农民增产经验等。同时对农业技术推广站进行整顿，精简上层机构，充实基层力量。到 1957 年底，全国基本上实现了区区设站，为恢复农村经济、提高农业生产做出了巨大贡献。

这一时期主要由技术干部到社蹲点，定期进行培训，设样板田进行示范，培训了大量的农业技术人员，促进了农产品产量的增长，为推动农业发展、农民增收起到了十分积极的作用。但与此同时，由于农业技术推广服务部门缺乏上层对应机构，处于基层的农技推广部门在技术方面缺乏强有力的业务指导；同时，农业技术服务水平较低，推广内容以农民传统经验和传统品种的总结为主，且整个农业技术推广服务体系在人员、职能、手段和设备等方面并不完善。

第二节　第二阶段（1958—1977 年）

20 世纪 50 年代末出现的"大跃进"和三年自然灾害，严重冲击我国农业技术服务体系。

1962 年，我国经济开始复苏，农业技术推广服务体系重新得到重视。农业部颁布了《关于充实农业技术推广站加强农业技术推广工作的指示》（以下简称《指示》），重新部署农业技术推广服务。农业技术推广服务主要采用社队技术干部长期驻扎、建设示范样板田的方式进行。通过以上方式，大量先进的农业生产技术和经验在农业生产中得到了有效推广，大量农村技术人员受到了有效培训。全国各政府部门依据《指示》的相关规定，全面整顿各级农技推广机构，并在部分地区和县设站，农业技术推广服务得到了有效恢复和发展，逐步成为一个有效的服务体系并开始由综合推广服务向专业化服务转变，如在基层单独设立畜牧兽医站、种子站、农机化站，由原有的农技站提供种植业技术推广服务。

国家农技推广机构解体期间，在过去农技站办过试验点的地方，仍然有一些农民技术骨干，在社队领导的支持下，组织起来建立了各种形式的试验组，开展新品种、新技术的试验、示范，引导农民科学种田。基层农技站和插队落户的一些农技干部积极扶植群众科技试验组织。1970 年，湖南省华容县在总结群众经验的基础上，创办县、公社、大队、生产队等"四级农科试验网"。随后，"四级农科试验网"的经验在湖南省乃至全国得到了推广。到 1975 年底，全国有 1 140 个县建立了"四级农科网"组织。

1972 年，我国逐步恢复了省、地（市）、县农业部门，也陆续重建了农技推广站。到 1978 年底，基本建立起省、地（市）、县、公社四级农技推广服务体系，经费主要由国家拨付，技术推广方式为技术员进行指导、示范和推广。

与此同时，处于基层农业技术推广站的技术人员以及在农村插队的一些农业技术干部，在农业技术推广服务方面起到了一定的积极作用。在农村公社、大队的支持下，新品种、新技术在技术员和农业技术干部的引导下，进行了试验和示范。1974年，四级农科网经验交流会在华容县召开，四级农业科学实验网这种需求型农业技术服务体制在全国铺开。

四级农科实验网是以县、公社、大队、生产队四级为组织领导主体，适用的农业技术服务是从农户需求开始操作的，是一种区别于政府供给型的、自给制行政主导型农业技术推广服务体系，但这一体系轻视了专业农业技术人员的作用，使其未发挥应有的科学服务作用，农技推广形式和内容单一，推广工作基本靠行政命令执行。

第三节 第三阶段（1978—1991年）

1978年开始，我国农业发展进入了一个新时期。我国农村广大地区全面推行农村家庭联产承包责任制，大大提升了农民的自主经营权，提高了他们的生产积极性，对农业生产技术的需求也显著增加。这一时期，政府公益性农技推广体系不断恢复、调整和完善，即四级农科实验网解体，政府职能归位，以县级单位为基础的基层农业技术推广服务体系逐渐建立。1979年，由国家和县级财政支持的农业技术推广服务中心在全国29个省区市试点构建和运行。20世纪80年代初期，各级农业技术推广服务机构与农业行政部门脱离，并收编为事业单位，重建以县农技推广服务体系为中心的基层推广组织。1982年初，中共中央发布"一号文件"，指出要从根本上改变农业技术推广服务体系为单一依靠政府行政部门推动和构建的状况。1983年，《农业技术推广条例（试行）》颁发，对农业技术推广服务机构的任务、编制和经费等内容作出详细规定：将之前在公社设立的农科站转变为乡镇农业技术推广站，强调了农业技术服务机构的"自我积累、自我发展"。1987年，《关于建设农业技术推广中心的若干决定》的颁布，更是大大促进了政府公益性农技服务体系的建设与发展。

除了以国家为主导的农技推广部门外，涉农部门也积极投入推广活动中来。农业科研机构和农业教育单位直接面向生产者推广科研成果；农资部门和供销社系统利用渠道优势经销化肥、农药等农业生产资料，配合农技推广服务。另外，农业金融机构、图书情报部门等也都为普及农业科技提供资金和信息方面的服务。

这一时期我国农业技术推广事业发展迅速，为农业生产提供了有力的支持。

随着机构和队伍的迅速发展，队伍庞大带来的财政压力开始显现。农技站的人事权、财务权、管理权（"三权"）随之由县下放到乡。随后，山东省诸城市、河南省新郑市等多个地方也相继开展了类似的县级综合改革。这一改革对农技推广服务体系造成了深远的影响。

与此同时，市场机制逐步引入农业和农村经济中，广大农民面向市场，引进新品种、应用新技术，提高农产品的产量和质量，调整生产经营结构，抵御市场风险和较快地增加收入，以及对于农产品产前、产中、产后多方位服务等方面的需求日益迫切。这一时期，农村专业合作组织和农业企业等主体迅速进入农业技术服务领域，占据了重要的位置。农村专业合作组织在产品生产过程中为了保证产品原料来源的稳定，开始为成员提供仓储、运销、技术等服务；部分涉农企业为保障产品的质量，向与企业合作的农户提供农业生产技术和市场信息。

第四节　第四阶段（1992 年一　）

20 世纪 80 年代以有偿服务、技物结合为特征的创收性农业技术推广服务取得了一定的成效，一些地方政府获得了农业技术推广机构具有市场生存能力的认识。由于财政资金数量有限，又面临乡镇机构改革的问题，同时也受到各行业尝试市场化改革的影响，一些地方政府开始了把农技推广部门推向市场的尝试，即所谓"断奶""断粮"，导致全国有 44% 的县级农业技术推广机构和 43% 的乡镇农业技术推广机构被削减或停拨事业费，约二分之一的农技员离开了推广岗位，基层农技推广体系开始出现"网破、线断、人散"的现象，历经十余年建立起来的农业技术推广体系再次面临危机。

为了解决一些地方政府对农技部门"断奶""断粮"而对农技推广工作造成的影响，以及 20 世纪 90 年代初的粮食生产停滞不前等所带来的问题，国务院于 1991 年 11 月发布了《关于加强农业社会化服务体系建设的通知》，强调把乡级技术推广机构定为国家在基层的事业单位，其编制员额和所需经费由各省、自治区、直辖市根据需要和财力自行解决，以巩固和加强农业社会化服务体系，稳定农技推广队伍。1992 年明确乡（镇）要建立农技、畜牧兽医、农机、水产、经管五站，开展"定职能、定机构、定编制"的"三定"工作；对乡镇农技推广机构新充实的人员要切实保证以专业技术人员为主，不得随意安排非专业技术人员；聘用人员必须经过考试、考核合格方能聘用；乡镇农业技术推广机构的管理应坚持条块结合、双重领导的体制，并分清县、乡镇两级政府的管理职责，发挥两方面的积极性，这意味着下放的"三权"又部分回收到县级农业主管部门。

1993 年 7 月，全国人民代表大会通过了《中华人民共和国农业技术推广法》（以下简称《推广法》），对推广工作的原则、推广体系的职责、推广工作的规范和国家对推广工作的保障机制等重大问题做出了原则规定，使我国农业科技推广事业走上依法管理的轨道。《推广法》明确规定，县、乡国家农技推广部门属政府事业单位，各级人民政府在财政预算内应当保障用于农业技术推广的资金，并应当使资金逐年增长；各级人民政府应当采取措施，保障和改善从事农业技术推广工作的专业科技人员的工作条件和生活条件，改善他们的待遇。《推广法》规定国家农业技术推广机构向农业劳动者推广农业技术实行无偿服务，但同时又规定"农业技术推广机构、农业科研单位、有关学校以及科技人员，以技术转让、技术服务和技术承包等形式提供农业技术的，可以实行有偿服务，其合法收入受法律保护"。

"三权上收""三定"和《推广法》的实施，对于稳定农业技术推广体系起了至关重要的作用。到 1998 年县、乡两级实有农技人员达到 99.8 万人（其中县级 35.8 万人，乡级 64 万人），达到我国历史上农技推广机构队伍数量的最高峰。

然而，由于上述政策的颁布并未得到财政部门的配合，从而导致政府的财政投入跟不上人员增多和工资增长的需求，不仅使农技部门日常活动的开展更为困难，而且让农技部门不得不通过更多的开发创收来弥补投资的不足。据黄季焜等的调查研究，由于推广经费的减少，农业技术推广人员的工作时间安排发生了明显的变化。

这一时期的农业科研、教育和推广三者的协作体制也发生了显著的变化。中央一级的农业科研、教育和推广机构都归农业行政部门即农业部统一领导；省、地（市）两级多数地方则分别隶属于科委、教委和农业行政部门；而县一级的"三农"结合成为推广中心，实行统一管理体制。从中央到地方，农业科技创新的管理体制形成了"两头统，中间分"的模式。在实行改革后，农业科研、教育和推广部门各自都拥有了较大的自主权，并且都在努力扩大自己的业务范围，特别是在农技推广有偿服务领域形成边界的重合和交叉，而在公益性农业技术推广领域却出现空白。这样一方面造成了农业科技创新资源的不必要浪费，另一方面又使农业生产中一些具有公共物品属性的技术难以应用于实践，农业技术推广服务的供给出现结构失衡。

为了解决乡镇农技部门"二权"下放所带来的一系列问题，农业部、中编办等五部委组织在全国12个省份的12个县开展农技推广体系改革试点。该项试点改革主要内容包括创新农技推广体制与机制，明确国家农技推广机构的公益职能，科学设置国家的农技推广机构，优化农技推广队伍，保证必需的财政供给，多种形式兴办经营性农技服务实体，推动多元化农技服务组织的发展。文件明确指出，国家的农技推广机构要"有所为，有所不为"，确保公益性职能的履行，逐步退出经营性服务领域；重新核定人员编制，改革后乡镇一级国家农技推广机构人员编制数应比乡镇农技推广机构原人员编制数降低20%～30%，专业农技人员占总编制数的比例不低于80%，并注意保持各专业之间的合理比例。

农业科研和教育机构也积极参与到农业技术推广服务之中，这既是《农业技术推广法》的要求，也是农业科研和教育机构联系和服务农业、了解农户需求、推进农业技术创新的一条重要途径。农业科研和教育机构进行农业科技推广的主要方式有以下几种：①建立农业科技示范基地。根据不同农业生态区域和产业发展创办各类示范基地，建立新品种、新技术、新成果示范样板，为示范户、广大农民提供科技信息，进行季节性培训，引导农民学习、掌握和应用新技术，推动当地主导产业、特色产业发展；②开展信息服务与咨询服务。收集、加工、处理和传播与当地农业生产相关的技术和市场信息；向产前、产中和产后提供新品种、新方法和新技术；组建由专家学者组成的科技服务团，为涉农企业和农民提供技术咨询和指导，同时通过信息沟通及时了解农民的技术需求，合理选择科研方向和重点，提高科研成果的针对性；③进行技术开发、转让和入股。与农业企业建立契约关系，参与其技术开发活动，解决企业生产经营中的技术问题；对现有科研成果进行市场分析和应用性研究，通过技术交易市场进行转让；以教育、科研单位的科研成果、技术专利等无形资产入股参与农业企业的生产经营；④组建科技型企业，自主经营，掌控研究、开发、推广和转化诸环节，形成完整的盈利能力；⑤开展科技培训。农业院校可以通过课堂，或者组织专家下到田间地头为公共农业技术推广机构和农户提供知识和技能培训，提高技术推广人员和广大农户的技术素养。

经过30余年的实践，农业科研和教育机构在农业技术推广领域取得了很大的成就，形成了多种行之有效的技术推广模式，如河北农林科学院的"科技服务计划"、西北农林科技大学的"农业科技示范园区"模式和"专家大院"模式，各农业高校与地方政府联合实施的"校地合作"模式等，都取得了良好的经济效益和社会效益。

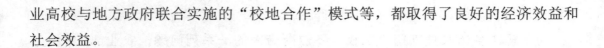

第五节 我国农业推广服务体系的成效与特征

一、我国农业推广服务体系的成效

1. 政府主导的多元化农技推广体系日趋成熟

以政府公益性农技推广机构为推广主体的单一型服务格局已经改变，一大批非政府机构和民间组织，诸如农民专业技术协会、涉农企业、农业科研教育机构等不断壮大，也拓展着传统农技推广服务体系的内涵和外延，逐渐形成了"一主多元"的新型农业技术服务体系的基本架构。在这种新型体系下，政府职能占据主导地位，但不再处于垄断地位，更多市场资源和社会力量参与到农业技术服务中来，农业技术服务的市场化、社会化趋势也更加明显。

2. 农业技术服务的领域不断拓宽

随着市场经济的发展，农业技术服务也逐渐渗透到农村生活的方方面面，如基础设施建设、环境保护等。过去单一的政府公益性农业技术推广已经不能满足农民生产生活的需求，原先以产中技术供给为主的形式也逐步向产前信息和资料供给、产后加工、流通、品牌营销等一条龙服务模式转变，许多地区的农业技术服务正在由过去与市场相对割裂的纯产中技术指导型逐渐向市场需求导向下的技术、信息全程服务转换。

3. 农业技术服务信息化水平不断提高

目前，国内许多省、区、市基层农技推广云平台正式投入使用，如由中国农业科学院农业信息中心研发的基层农技推广服务云平台，通过移动互联等现代信息技术搭建了农技推广及相关信息采集平台，用移动云终端武装基层农技推广人员，为农民提供服务。

二、我国农业推广服务体系的特征

农业技术的应用不仅可以直接带来边际收益递增的效果，还能够带动其他生产要素共同实现边际收益递增，因此被视为现代农业发展中最重要的要素，也是农业中最活跃的生产要素，而农业技术推广服务就是这一生产要素的交易活动。因为农业技术推广服务同时包含实物形态的农业技术产品的供给和非实物形态的农业技术服务的提供，所以相对于普通商品或劳务的交易，农业技术推广服务的交易要复杂得多，形成明显有别于其他交易的交易特征；不仅如此，农业技术推广服务所包含的农业技术产品供给和农业技术服务供给这两部分之间也存在明显的交易特征区别。按照威廉姆森提出的刻画交易的三大维度：资产专用性、交易不确定性和交易频率来分析，农业技术推广服务的交易特征有以下表现：

1. 资产专用性

资产专用性描述的是资产转移难易程度状况，是指资产被用于特定用途后，具有"锁定"的效应，很难改作他用，或者是即使改作他用，也会使资产的效用大大缩减，甚至可能变成毫无价值。威廉姆森将资产专用性划分为五类，即地理区位专用性、实物资产专用性、人力资产专用性、特定用途专用资产和时间专用性。通常情况下，通用性资产生产率较低，生产成本高，资产的机会成本较高，但转移性强，风险小；专用性资产生产率高，生产成本低，机会成本低，但可转移性弱，风险大。与交易相关的资产专用性越高，则交易关系的持续性就越重要，这就要求双方建立某种保障机制以维护交易关系的持续性。由于农业技术推广服务的资产专用性在上述五个方面的表现明显强于普通商品或劳务的供给，所以在大多数普通商品或劳务的供给通过市场机制顺利供给的同时，农业技术推广服务却要面对是否适合通过市场机制供给的问题。

无论是农业技术产品的供给，还是农业技术服务的供给，都是针对专门的地区、特定的农产品生产，在恰当的时间以恰当的方式由具备一定专业技能的人完成，因此具备极强的资产专用性，但是通过仔细观察不难发现，这两者的专用型强弱仍然存在一定的差别。

地理区位专用性。总体上看，由于自然条件的差异，农产品的生产通常都表现出明显的区域性分布，不同的地区有不同的适宜物种，因此农业技术推广服务也需要针对农业生产的区域差异有区别地进行，从而表现出相应的地理区位专用性。具体到农业技术推广服务的两个组成部分，农业技术产品供给的地理区位专用性却小于农业技术服务的地理区位专用性，这是因为对于农业技术产品而言，为便于其能够被更多的农业生产者接受，从而实现生产的规模经济，它的地理区位专用性在研发时就已经充分降低，表现出较强的环境适应能力。这就使得农业技术产品在推广时，对于区域差异的考虑可以减少。在全国各地都可以按照相似的渠道和方式来进行，而这些渠道和方式也同样可以用来推广其他农业生产资料。

农业技术服务方面，与农业技术产品结合较紧密的配套服务随着农业技术产品的商业化程度提高，其地理区位专用性逐步降低。不同生态环境和社会经济条件下实现最佳技术效果的限制性因素及其相互作用过程和形成机制各不相同，在农业技术推广和使用过程中消除限制性因素制约作用的技术路线和技术方向也必然会大相径庭，为此需要通过针对性比较强的农业技术服务为在不同生态经济条件下实现最佳技术效果提供个性化的一揽子解决方案。这使得技术服务内容和服务模式会因地理区位条件的差异而表现出较大的差异，同时也影响着技术服务内容和技术服务模式的地理专用性程度。例如节水灌溉技术，就要结合当地年降水量、地形地貌、种植结构等因素来进行方案设计和实施。

实物资产专用性。完成农业技术推广服务供给需要形成一定规模的实物资产，如场地、设备、器材等。农业技术产品的推广所需实物资产专用性通常较低，因为它交易的对象一般是同质的物化产品，对于交易对象的计量、定价、品质检验没有特殊要求，只需要通用资产的投入即可，以提高农业技术产品的推广能力，例如遍布农村的农资销售网点，其建立和运行需要投入的实物资产都基本一致，并且与普通商品的销售网点也很接近，因而也具有较强的通用性。农业技术产品的推广主体随时可以将其用于农业技术产品推广的资产转向其他领域。

农业技术服务供给的实物资产专用性程度相对就比较高。农业技术服务的供给不仅限于面向农户进行技术传授，很多农业技术服务还涉及诸多专业化的操作环节，需要专用设备，由专业技术人员完成操作。例如家畜人工授精技术所使用的整套设备、兽医临床诊断和手术设备、农业气象观测和预报仪器、土壤检测仪器、生物学和化学分析仪器等都具有非常高的专业化程度，这些设备难以在专业领域以外实现其技术和经济价值，因而都属于资产专用型程度较高的实物资产。

人力资本专用性。推广农业技术产品所需的人力资本专用性程度相对较低，因为农业技术产品多已实现商品化，同质化程度较高，推广人员在了解这些产品的特点之后，就可以在出售农业技术产品的同时，向使用者提供基本的产品介绍，一般不需要经过系统的学习和严格的训练。由于人力资本的专用性程度较低，推广农业技术产品的人员能够十分方便地向其他行业转移。

农业技术服务的推广人员则需要更多的人力资本专用性投资，人力资本的专用性程度也因此而更高。无论是向农业生产者提供技术示范、培训、咨询、指导，还是亲自动手实施某些较为复杂和专业化程度更高的农业技术服务（例如采集、检测、维修、诊治、手术等），都需要推广人员具备较强的专业技能。同时在提供技术服务的时候，推广人员不但要娴熟地掌握专业技术知识，而且还必须能够针对不同农业生产者的感悟能力、大田与养殖环境、社会经济条件等特点灵活运用农业技术推广方法，这就要求农业技术推广人员不仅掌握扎实深厚的专业基础知识，而且还必须具有宽广的经济学、社会学和心理学等社会科学背景和良好的人际沟通能力、现场处置能力。这意味着一方面农业技术推广人员人力资本的形成需要以持续、大量的专用性投资为前提，另一方面农业技术服务人力资本的专用性程度极高，一旦离开这一领域，农业技术推广人员人力资本的价值将大大降低。

特定用途专用资产是为满足交易对方的某些特定需求而形成的资产。在农业生产过程中，每一种动植物都有其独特的生长规律，为提高生产效率，生产者需要在不同生长阶段对其采用不同的技术措施，从而产生对技术产品和技术服务的需求。从供给者角度看，满足特定需要的技术产品用途较窄、持续时间短，进行专门生产不经济，因此通常都是以通用性技术产品替代专用性技术产品，市场上也很少出现针对特定农产品的特定生产环节研发的技术产品。另一些特定用途专用资产则主要用于满足一些非经常性的技术需求，这些需求在出现时间和需求量上均具有很强的不确定性。由于这些资产用途十分有限，无论是农业技术产品的生产者还是推广者，都不会为满足这种需求做事先的准备，因此在农业技术产品供给中极少出现。对于农业技术服务而言，特定用途专用资产往往是必备的。例如极端恶劣气候条件下的防灾减灾，大面积病虫害的人工防治等，这些情况何时出现以及严重程度均无法预知，但一旦发生又要求在短时间内控制局面、做出补救，这就需要农业技术服务机构（特别是公益性机构）为这些特定用途资产建立适当的储备。

时间专用性。农业技术推广服务必须与农时相匹配，无论是推广农业技术产品还是提供农业技术服务，都需要做到应时应季，从而形成较强的时间专用性。例如农业技术产品的推广计划，应该根据特定地区农作物的种植周期来进行安排；农业技术服务也必须根据节气的变化相应展开，并且在服务内容的顺序安排上必须符合农作物的生长规律。

2. 交易的不确定性

农业技术推广服务供给的交易不确定性是指在农业技术推广过程中，固有的风险所导致的交易双方共同面对的技术服务交易难以预期的变化。对于交易双方而言，这种不确定性无法事先确定，因此难以在签约时就对交易的相关事项提前做出约定，从而容易引起履约过程中交易双方对合约的重新修订或谈判。不确定性是新技术运用于生产实践时的普遍现象。农业生产作为一个生物过程，既受到自然因素的影响，同时其效益的实现又受到市场因素影响，因此技术的推广与运用始终存在着不确定性。

这种不确定性主要源于两方面：一方面是技术服务效果的不确定性，它与技术实施效果的不可预测性有关，即技术使用之前难以准确判定技术效果的好坏；另一方面是技术需求专业方向和内容的不确定性，它与市场需求结构的复杂变化以及农户的分工和专业化程度有关，农产品市场的需求变化会引起农业生产者对农业技术产品和技术服务需求发生较大的改变，同时农户的分工和专业化程度的改变也会导致农户改变其技术需求。

技术服务效果的不确定性在农业技术产品供给方面表现相对较弱，这是由技术产品的同质化特征引起的，即同种技术产品的生产特性差异不显著，生产效果的不稳定很大程度上是由于生产者自身的技术水平差异以及环境因素的影响。而农业技术服务的效果不确定性则更加明显。作为主要靠人工操作来完成的非物化技术，不仅不同技术使用者的技术水平差异和环境因素的变化会影响技术使用效果，即便是同一个使用者在同种条件下重复使用该技术，产生的效果往往也是不稳定的。

农业技术产品的供给和农业技术服务的供给在交易中面临的技术需求专业方向和内容的不确定性都比较复杂。通常情况下，农产品市场价格的变化会影响到农户的生产决策。以我国为例，在农户生产规模较小，农业生产的专用性资产投入也不多的情况下，他们很容易改变经营项目，形成农业技术产品和农业技术服务的需求转变。而当农户生产规模扩大、农产品生产的专业化程度提高之后，由于专用性投资的增加，他们对技术和技术服务需求的专业方向会相对稳定，受市场波动的影响也相对要小一些。

技术需求专业方向和内容的不确定性对农业技术产品供给和农业技术服务供给带来的影响仍然有明显的差异。对于农业技术产品的供给主体，农户行为不确定性的结果是自己提供的产品与农户的需求不一致。由于农业技术产品具有较高的商品化程度，供给者可以通过临时措施调配不同地区的产品供给以满足农户的需求。但农业技术服务的调整实施起来却困难得多，如果农户生产所需要的技术与农业技术服务机构能够提供的技术不一致，推广机构可能需要通过重新调配人力资源、组织相关人员学习培训或劝说农户改变技术需求来解决问题。无论采取何种方式，农户的技术需求都难以得到及时的满足。

3. 交易频率

对于交易频率的分析需要区分两个层面。第一个层面，对于一项农业技术推广服务，例如向农户推广某种技术产品，或传授农户一项生产技术，两者在交易频率上相比，前者明显低于后者。这是因为农业技术产品通常都属于瞬时性交易，买卖关系发生后，农业技术产品的物权就随之转移，农户就可以对该农业技术产品按照自己的意愿使用；而农业技术服务却往往需要分次进行，一项技术往往包含多个操作程序或步骤，不同程序或步骤还要按照农作物生长过程依次执行，直到农作物的一个生产周期结束，对农户进行的示范或指导才能结束，农户才有可能完整地掌握该项技术。如果农户还有不清楚的地方，示范或指导可能还需要重复。

但是在另一个层面，就农业技术推广服务整体而言，农业技术产品的交易频率明显高于农业技术服务。这是因为农业生产是周而复始的，在每一个生产周期的开始，农户都需要取得生产资料，形成对农业技术产品的需求。由于农户数量众多、生产经营规模总量极大，所以推广机构要完成的农业技术产品交易总量和交易频率也是很高的。农业技术服务的推广效果通常可以延续几个生产周期，例如一项种植技术传授给农户后，只要他继续种植该作物并且大田生态环境和自然气候条件不发生显著的改变，就基本不会产生新的技术服务需求；一些大型公益性技术推广服务（如测土、配方、施肥等），也可以在多个生产周期内持续发挥作用。从农户角度来看，在每年的生产过程中，购买农业技术产品的次数通常也多于接受农业技术服务的次数，这既与农业技术服务不到位有关，也与农业技术产品和农业技术服务的交易特性有关。

基于以上分析可见，农业技术推广服务的交易特征不同于普通商品的交易特征，农业技术产品和农业技术服务交易特征之间的差别，是决定农业技术推广服务交易费用的关键。

第三章 成渝经济圈农业技术
推广服务现状分析

第一节 成渝经济圈农业技术推广体系组成对象情况

在农业技术发展过程中，主要涉及农业科研单位、农业技术推广服务机构以及农民三个环节。形成了农业科研单位经农业技术推广服务机构进行新型农业技术的宣传和推广以及农民经农业技术推广服务机构向科研单位反馈新型农业技术使用效果两个过程。因此，在整个农业技术推广过程中，实现三个环节、两个过程的有效控制，才能达到预期的农业技术推广目标。同时，上述三个环节、两个过程也成为检验农业技术推广效果的重要指标。本节为了详细了解成渝地区农业技术推广服务现状，从上述三个环节、两个过程入手，对其现状进行了详细探讨。

一、农业科研单位情况

科研单位是新型农业技术的发源地，近年来在国家政策的引领下，农业科研成果数量逐年增多，为农业技术的推广提供了丰富的内容。通过调查发现，截至2021年底，参与成渝地区新型农业开发的本科、高职、专科等农业类院校达到了20多所，开发推广新型农业技术300余项，农业技术推广面积1.5万余亩，创造经济收益2亿多元。

随着农民对于新型农业技术需求的不断增长以及农业市场竞争激烈程度的

增加，使得农业新技术研发成为当今新技术研究领域热门方向之一，这也促使成渝地区越来越多的科研人员开始投入农业技术的研发过程中。据统计，截至2021年底，成渝地区从事农业技术研发工作的高级、副高级、中级及初级职称者人数占比分别达到了农业技术研发类科研人员总数的12.5%、18.3%、22.1%和30.8%。这一科研人才构成，为成渝地区农业技术的研发提供了充足的人力保证，能够有效地推动该地区的农业技术发展。

由于我国市场经济发展起步较晚，科研院校与市场结合的发展模式也兴起较晚。因而长时间以来，成渝地区虽然拥有众多科研院校，并取得了众多科研成果，但是这些成果的转化效果却非常不理想，造成科研人力、物力的大量投入和农业技术水平进步缓慢之间的矛盾。针对这一问题，政府积极发挥引领作用，推动校农共建、产学研基地、技术推广服务站等众多院校科研成果转化方式，努力将科研院校的新型农业技术推广至农业生产过程中，实现农村、农民、农业"三农"问题的有效解决。

二、农业技术推广服务机构情况

农业技术推广服务机构是落实科研单位科研成果，并将其正确、高效传播给农民，成为实现新型农业技术快速普及的主导力量。农业技术推广服务机构中人员的素质和职业能力也成为影响农业技术推广好坏的重要因素。因此，农业技术推广服务机构的人员构成情况也成为反映某一地区农业技术推广服务发展水平的重要指标。

成渝地区农业技术推广人员在学历上以专科生为主，占比达到4.5%，而本科及本科以上学历人数相对不足，占比共计22.5%。这一结构说明，成渝地区农业技术推广人员整体学历水平较低，在当前农业技术快速发展时期，这些人员还无法完全理解和掌握新型农业的技术要领，从而无法实现技术的有效推广。学历较低的现状也不利于成渝地区农业技术推广服务的更新和原有僵化模式的改革优化。因此，努力提升现有农业技术推广服务人员业务能力，积极引进高学历人才是后续该地区农业技术部门需要着重解决的问题之一。成渝地区农业技术推广人员年龄结构多集中在35~45岁，占比达到45%。其次是25~35岁和35~45岁，人数占比分别为25%和20%。从这一数据可以看出，成渝地区农业技术推广人员多为青壮年，这一年龄结构具有两面性：一方面队伍的年轻化有利于对新兴农业技术的快速接受，并具有工作的激情和干劲；另一方面过多的年轻人缺少工作经验，需要花费大量时间和精力培训员工。因此，成渝地区农业技术推广服务机构管理者需要合理协调好上述两个方面，实现优势作用发挥的最大化和劣势作用影响的最小化。

成渝地区农业技术推广人员中副高级职称及以上人数占比 2.5%，农业技术职称占比达到 77.5%。这一技术人员比例水平已能满足成渝地区农业技术推广的需求，而且近年来随着技术人员自身能力提升的不断开展，副高级职称及以上农业技术职称人员的数量也呈现快速增加。综上所述，当前成渝地区农业技术推广服务机构呈现人员学历较低、年龄结构过于年轻化和人员职称较为合理的现状。在后续发展中该地区农业技术推广服务机构要积极发挥自身优势，实现农业技术推广服务水平的再度提升。

三、农业技术推广对象情况

农民是农业技术推广的面向者和客观对象，其对于农业技术的接受与否直接反映了农业技术推广的效果。农民对于传统种植理念的坚持程度，影响其对于新农业技术的接受程度。农民对一项新事物（农科科技）的认识理解能力，对新农业技术普及运用的瓶颈制约等因素，也成为农业技术推广效果的影响内容。

当前成渝地区农民年龄区间多分布在 40 ～ 50 岁和 50 ～ 60 岁，占比分别为 39% 和 37%。这一结果说明当前成渝地区从事农业生产的力量多为中老年人。这一类人群参与农业生产时间较长，形成了较为僵化的种植、管理模式，对于新的农业技术常表现出排斥的态度，该类人群对于农业风险较为抵制，从而使其不愿意尝试新的农业技术。

此外，多数农民为初中和小学及以下学历，这种低学历层次现状，使得农民在理解新型农业技术时具有较大的困难，在新成果的应用上得重新自学和摸索。所以想要将农业成果转化为实践，需要前期、中期、后期花费更多的财力、人力来支撑。

第二节　成渝经济圈农业技术推广服务模式

一、重庆市云阳县农业技术推广服务模式

云阳县地处重庆市渝东北片区，东与奉节县相连，西与万州区相接，南与湖

北省恩施土家族苗族自治州利川市相邻，北与开州区、巫溪县为界。地形以山地为主，岭谷地貌明显，兼有谷、丘和平地；山多而高，谷深而陡，群山巍峨，呈现出"一山二岭一槽"或"一山一岭、岭谷交错"的地貌特征。境内海拔最高的地方是农坝镇云峰山，海拔高度达到1 809米；海拔最低的地方是长江出境处，只有139米；海拔高低悬殊较大，达到1 670米。云阳县面积为3 649平方千米，总面积在重庆市38个区、县中排第五名；云阳县GDP在重庆市38个区县中排第27名；拥有户籍人口总数接近136万，人口总数在重庆市所有区县中排第五名，其中农业户口人数达98.24万，农业户口人数占到了全县人口的72%。可以分析得出，云阳县属于人口大县，更属于农业贫困人口大县，农业的发展对于云阳县的经济发展起着至关重要的作用。

近年来云阳县农业生产年均耕地面积约60 742公顷，其中常用耕地面积约48 025公顷，临时性耕地约12 717公顷。农村人口人均耕地0.86亩，在重庆市所有区县中处于中下水平。全年农作物播种面积约154 405公顷，其中，粮食播种面积约114 678公顷，油料播种面积约10 330公顷，蔬菜播种面积约16 642公顷。全年粮食产量约434 566吨、蔬菜产量约266 825吨、油料产量约15 629吨、鲜蛋产量约23 105吨、出栏生猪约915 000头、肉类总产量约89 397吨。由于云阳县人民政府高度重视农业发展，每年运用于农业发展的财政资金投入逐年增加，其中2018年农业资金投入2 551.67万元，其中基本支出为1 959.88万元，项目支出591.79万元；2019年农业资金投入2 945.52万元，其中基本支出为2 357.02万元，项目支出588.5万元。农业收益稳步增加，其中2018年实现农业净收益2 635.64万元，2019年实现农业净收益2 945.52万元。

通过数据可以看出，云阳县农业发展资金投入呈增加趋势，随着农业发展资金的投入增加，带来的农业净收益也在增加，农业发展势头良好。在这种背景下，需要进一步进行农业技术的推广，以技术带来农业的新发展和新收益，从而提高云阳县农户的收入，实现云阳县的农业现代化发展，让云阳县实现农村美、农业强、农民富的最终目的。根据云阳县的地貌特征，山多地少，海拔高低悬殊较大，交通不便，农业发展主体以小规模农户为主，农作物种植种类较多，但农户的技术水平有限，往往产量不高，在这种情况下，农业技术的推广显得尤为重要，云阳县农业农村委员会也高度重视农业技术推广这一项工作，每年都将农技推广和农机推广这两项工作作为重点工作来抓，认真落实农机补贴政策，每年抽出大量的物力和人力开展农业技术推广工作。据不完全统计，云阳县每年将通过县和乡镇两个层面共完成 1 200 余人次的农业技术集中培训。近年来，县政府高度重视农业农村工作的开展，以把云阳县建成山清水秀的国家级生态农业经济示范县为目标，把生态农业建设作为农业发展的重中之重。经过全县多年来的努力，现阶段云阳县发展比较成熟的农产品有柑橘、晚熟脐橙、黑木耳、花椒、水稻、玉米、红薯等，其中云阳县的晚熟脐橙种植规模最大，已经达到 30 多万亩，其中优质晚熟脐橙达到 20 万亩。正在发展车厘子、蚕桑、乌天麻、核桃、茶叶等农产品种类，可以说云阳县近几年农业发展已经取得了丰硕成果，但是离实现国家级生态农业经济示范县的目标还任重道远，必须不断努力。

（一）云阳县农业技术推广机构建设现状

组织机构是指为了使一项事业能够有序而又顺利地开展，充分发挥每一位成员的聪明才智，保障高效完成某项事业而形成的组织结构严密的机构部门。农业技术作为农业发展的后盾力量，必须将现代农业技术最大限度地推广到农村基层，结合地域实际情况，不断促进农业健康发展。云阳县农业农村委员会高度重视农业技术推广机构的组织建设，分别在县和乡镇两级建立专门的农业技术推广机构，具体如下：

在县级层面设立五一技师学校和农业技术推广中心两个直属机构专门负责云阳县的农业技术推广工作。五一技师学校位于云阳县人和工业园区，主要作为新型职业农民特别是贫困农户的技术培训场所，在这里可以完成全县农业技术推广的理论教学。云阳县农业技术推广中心挂牌云阳县农业技术推广站、云阳县植保站、云阳县土肥站、云阳县农机站，每个站点既分工明确又相互联系，主要负责以下八个方面的工作开展：一是制订每年农业技术推广的工作计划，核定推广人数，负责对新技术的考察、实验和引进，负责农作物种子的生产、引进和经营工作。二是负责全年农业技术推广工作阶段性的具体开展，监督和指导乡镇农业服务中心和五一技师学校的具体推广工作，负责全县粮食作物种植、成长、收获全过程服务。三是指导乡镇农业服务中心所有工作的实施和开展，指导并帮助部分乡镇建立农业种植基地。四是负责全县的土壤（耕地）保护和化肥产品的引进、生产和使用。五是对全县农作物的重大情况进行实时监管，特别是对重大病虫害的监管和防治。六是对全县的农田、林、湖、水等进行保护，对低产能农田进行改造和管理。七是负责全县农业机械化基地的建设，保证农机补贴政策的落实和实施，确保全县农业种植技术水平稳步提高。八是保证上级有关机关的政策、方针和法规得到落实，并结合云阳县的实际情况制定地方法规、政策和方针。

在乡镇层面，云阳县共有 38 个乡镇，其中包括 31 个镇和 7 个乡，每个乡镇都设立了农业服务中心，属于事业单位，根据每个乡镇的土地面积、人口、地形特征、主要种植农产品种类等情况配备数量不等的工作人员，一般为 4～9 人，乡镇农业服务中心在云阳县农业技术推广工作中起着十分重要的作用，是县农业技术推广中心和农民之间联系的桥梁，是上级农业技术推广政策在广大农村生根落地并开花结果的关键，乡镇农业服务中心主要根据本乡镇的实际情况，规划农产品种植种类，对本乡镇的农业进行规划和指导，直接和广大农民接触，向广大农户宣传农业技术推广政策并直接向农户传授现代农业技术。

在农业技术推广组织机构建设方面，云阳县和重庆市其他区县相比较，无明显差别，都是根据重庆市农业农村委员会要求并结合本县实际情况，设置县级和乡镇两个级别的推广中心，起到便于执行重庆市农业农村委员会相关任务和对接广大农户的桥梁作用。

（二）云阳县农业技术推广工作人员现状

发展需要人才。所谓人才，是指在某一方面具有特别才能的人，他们能够为某一项事业的发展做出较大贡献，现代社会的人才主要包括经营性人才、管理性人才、技术性人才和技能性人才这四个大类。经营性人才指擅长生产经营的人，通常是指企业的负责人。管理性人才指具有一定管理学知识基础，拥有较强的交际能力，善于观察人的情绪变化，拥有较强交际能力的一类人才，这类人才一旦确定了奋斗目标，会调动一切积极性因素去完成奋斗目标。技术性人才指掌握某一项技术手段的人才，技术性人才往往需要较强的专业性，具有较强的不可替代性，所以这部分人才往往在生产一线工作。技能性人才是技术性人才的补充，往往在技术性人才的基础上拥有一定的交际能力，且具有高级技术资格证，这类人才往往在基层从事技术和管理的交叉工作。

新时代背景下的中国需要大量的人才，农业技术推广更需要一大批愿意扎根基层的技能型人才。在现代社会，知识就是力量，人才就是未来。随着我国的国际地位不断提高，必须更加注重培养和发现人才，特别是农村振兴战略提出来以后，需要一大批农业技术型人才扎根基层，发展农业。所以，当前我国应该把人才资源放在社会主义建设更加重要的位置，注重培养具有爱国情怀的综合型人才。

云阳县比较重视基层农业技术推广实用人才的队伍建设，在县级层面设立农业技术推广中心，在人员配备方面给予一定数量的事业单位编制，现阶段云阳县农业技术推广中心具有事业编制 25 人，其中领导职数按 1 正 3 副配备。现实际在岗人数 24 人，空岗 1 名。按岗位统计，研究员 1 人，副高级农艺师 6 人（专技五级 1 人、六级 1 人、七级 4 人），农艺师 11 人（专技八级 3 人、九级 4 人、十级 2 人、十一级 2 人），助理农艺师 3 人（专技十一级 1 人、十二级 2 人），事业管理岗八级 3 人。在乡镇层面，根据乡镇土壤面积大小、农业主导产品规模及产值、经济发展等情况将 38 个乡镇分为三个层次，并在农业服务中心配备数量不等的工作人员，具体情况如图 3-1、图 3-2 和图 3-3 所示，这部分工作人员主要从事与农业相关的工作，包括现代农业技术推广、新型职业农民培训等工作，每个乡镇农业服务中心人员配置情况如图 3-1 所示：

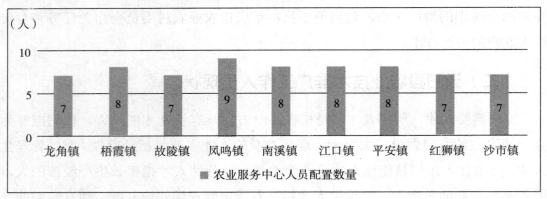

资料来源：云阳县农业农村委员会。

图 3-1　云阳县乡镇农业服务中心人员配置数量统计图（1）

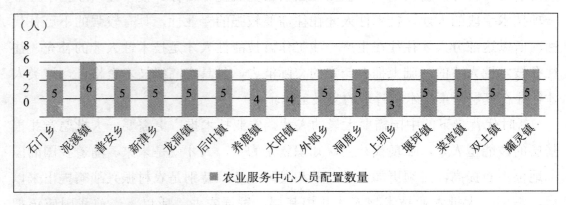

资料来源：云阳县农业农村委员会。

图 3-2　云阳县乡镇农业服务中心人员配置数量统计图（2）

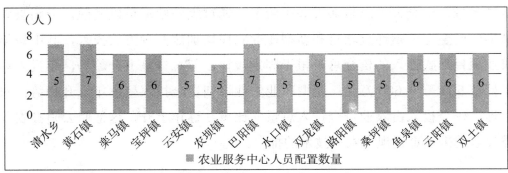

资料来源：云阳县农业农村委员会。

图3-3 云阳县乡镇农业服务中心人员配置数量统计图（3）

从云阳县每个乡镇农业服务中心的具体人员配置数量来看，人员数量和乡镇大小存在着正相关的关系，乡镇越大，农业产业规模越大，农业服务中心配备的工作人员就越多，这符合农业技术推广的客观要求。

根据云阳县乡镇农业服务中心的人员数量，和重庆市其他区县（以巫溪县、万州区、奉节县、开州区为例）乡镇农业服务中心人员数量进行对比，云阳县共38个乡镇，平均每个乡镇农业服务中心配备工作人员5.8人；巫溪县共30个乡镇，平均每个乡镇农业服务中心配备工作人员4.7人；万州区共有41个乡镇，平均每个乡镇农业服务中心配备工作人员6.1人；奉节县共有30个乡镇，平均每个乡镇农业服务中心配备工作人员5.5人；开州区共有33个乡镇，平均每个乡镇农业服务中心配备工作人员5.9人。

综合而言，云阳县乡镇农业服务中心人员配备数量较为充足，在重庆市渝东北片区的区县中处于靠前位置，这对工作的开展带来了保障，便于保证农业技术推广相关工作的顺利开展。由于农业技术推广工作的开展需要大量的专业技术人员，从云阳县乡镇农业服务中心人员的专业化水平而言，其工作人员大多是大学生村干部和三支一扶人员，他们当中绝大多数人所学专业与农学和农业技术并没有关系，这就导致了他们专业化水平不够高，往往需要现学现教，即便人员充足，在实现农业技术推广的效果方面也并不理想。

（三）云阳县农业技术推广资金投入现状

在农业技术推广工作中，能否将现代农业技术推广到广大农户手中，能否让现代农业技术在广大农村落地生根，促进农业的快速发展，资金投入的多少是决定推广效果好与差的关键因素之一。近四年来，云阳县每年农业资金投入总量和农业技术推广资金投入总量如表 3-1 所示。通过表中数据可以发现，云阳县农业技术推广资金主要是通过项目和新型职业农民培训这两种方式投入，其中每年通过农业项目形式投入的资金总量虽无固定规律，但总体呈上升趋势，年投入总金额保持在 500 万～600 万元；新型职业农业培训资金投入呈逐年上升趋势；农业技术推广资金投入占农业资金投入总量的比重在逐年上升，这证明云阳县农业农村委员会越来越重视现代农业技术的推广。

表 3-1　云阳县农业资金投入分配表

年份	农业资金投入总量／万元	项目资金投入／万元	新型职业农民培训投入／万元	其他基本投入／万元
2016	2 179.64	565.15	176.40	1 438.09
2017	2 355.26	543.25	197.64	1 614.37
2018	2 551.67	591.79	216.54	1 743.34
2019	2 945.52	588.50	227.34	2 129.68

资料来源：云阳县农业农村委员会。

云阳县目前对于农业技术推广的第一种资金投入方式是以项目的形式投入给少数农业种植大户，主要涉及柑橘、桑树、花椒、黑木耳、晚熟脐橙、茶叶等农产品种植大户，以项目的形式将资金投入给农业种植大户有几点好处：一是农业种植大户文化水平较高，能较快地掌握新技术并运用到实际中；二是能将投入的资金和技术以最快的速度实现最大的利益化，从而为云阳县的整体财政收入做出较大的贡献。第二种资金投入方式是对农民进行现代农业技术培训。云阳县总人口为 136 万，农业人口为 98 万，农户为 29 万户，农村总劳动力为 56 万，属于典型的生态农业大县，但是由于大量年轻劳动力外出务工，留在家中的农户普遍年龄较大，他们接受新技术、新理念的速度较慢，这部分劳动力传统的种植观念较重，认为参加现代农业技术培训就是浪费时间。云阳县农业技术推广中心充分了解这一情况后，为了调动农民参加培训的积极性，采取补贴制度，一般农业技术推广培训周期为 10～15 天，农民工到五一技师学校参加培训者可减免住宿和生活费用，另每天补贴农民工 50 元误工费用，在乡、镇、村参加农业技术推广培训的农民工可获得每天 50 元的误工补贴。由于补贴制度的产生，极大地调动了农民工参加现代农业技术培训的积极性。据了解，每年云阳县完成农民工农业技术培训 1 200 人次，对于提高全县的农业生产水平起到了一定的作用。

由于云阳县地处三峡库区，既是人口大县，又是三峡移民大县，从地形面貌、地理位置、人员结构等因素决定了云阳县并不适合发展大规模工业，要发展经济必须走生态农业和生态旅游业这两条路。尽管云阳县一直以来都高度重视农业技术推广工作，把农业当成每年工作的重中之重，投入了大量的资金，但是云阳县地处重庆市渝东北片区，离重庆市主城区320千米，云阳县辖区以山地为主，山多耕地少，一直以来都是国家级贫困县，又是重庆市的人口大县，这就导致了云阳县每年在农业技术推广方面的资金投入不能满足正常需求，农业技术推广人员人均经费不能满足正常的工作要求，所以从云阳县的实际情况出发，云阳县在农业技术推广资金的投入力度上还需要不断加大。

（四）云阳县农业技术推广服务方式现状

农业技术服务方式是农业技术推广人员为了更好地服务于广大农户，让更多的农户掌握现代农业技术，根据推广对象的需求而采取他们易于接受的服务方式推广农业技术。随着科学技术的进步和传播媒体的不断创新，云阳县农业技术推广部门现阶段的农业技术推广服务方式比较丰富，总结起来主要有三种服务方式，分别是集体指导法、个别指导法和大众传播法。

集体指导法是指在一定的区域，具有相同和相似的气候资源和土地资源下，人们对于同一种农业技术需求达到开班要求，由政府部门、科研机构、社会组织或部分科研高校举办的集中培训。采用这种方法可以在较短的时间内一次性地向多个农户进行现代农业技术的指导和传播，促使农业技术传播达到多、快、广的目的，是一种介于大众传播法和个别指导法之间的一种推广方法。云阳县由于是农业大县，农民人数较多，县农业技术推广中心根据云阳县的实际情况分别在县级层面和乡镇层面根据实际需求开展不同种类的农业技术培训班。在县级层面，云阳县农业技术推广中心每年都会在五一技师学校组织花椒、桑蚕、柑橘等农产品的种植技术培训，但由于全县范围内农村人口数量较多，往往不能满足所有农户的培训需求，所以县级培训班主要针对云阳县籍的农村建档立卡户家庭成员。在乡镇层面，主要是先由乡镇农业服务中心工作人员了解和掌握农户对农业技术学习的意愿和具体农业技术种类的需求程度。如果对于某个种类的农业技术的学习意愿人员数量达到了开班要求，就由乡镇农业服务中心具体申报，云阳县农业技术推广中心审批，最后由云阳县农业技术服务中心派专门的技术人员到乡镇集体培训。

个别指导法是指农业技术推广相关部门、科研机构、社会组织、企业、高校等组织委派农业科技人员下乡实地对每户农户进行一对一的单独指导，由于农户的文化水平较低，接受能力较弱，采用个别指导法往往能够有针对性地使农户快速地掌握某种农业技术，但这种推广方法需要大量的农业技术人员为基础。云阳县为了培育一批具有代表性的农业种植大户，对农业种植大户主要进行个别指导法，对达到一定规模的农业种植大户配备一名专业科技特派员，一对一地对农业种植大户进行指导并解决种植过程中遇到的各种技术性问题，一事一议，从而增加农业种植大户的抗风险能力。

大众传播法是将现代农业技术与信息技术相融合，结合现实特例并加工整理，通过报纸、广播、电视、网络等媒体对广大农户进行宣传的推广方法。大众传播法具有信息传播数量大、速度快、成本低、范围广等特点。云阳县农业技术推广中心现阶段主要利用三种大众传播法进行农业技术推广工作：一是在云阳县广播电视台开展柑橘、黑木耳、桑树、花椒、晚熟脐橙、茶叶等农业技术推广的专题讲座，宣传农业新技术，采取对农业种植示范大户进行专题采访等方式让全县农民了解先进农业种植技术。二是将现代农业种植技术通过报纸的形式传播给广大农户。三是组织全县的村干部参观考察其他区县的先进农业种植基地，并将考察成果传达给本村村民。

为了更好地达到农业技术推广的目的，现阶段云阳县采用了多种农业技术推广服务方式，创新了工作思路，但是农户的真正接受效果并不是特别理想，从对290户农户进行问卷调查可以发现，只有156户通过不同方式接受过不同种类的农业技术服务，接受过农业技术推广服务的农户只占总调查农户数量的54%，所以农业技术推广服务依然任重道远。

二、四川省西充县农业技术推广服务模式

西充县是南充市下辖县，也是南充市的卫星城和生态后花园，区域优势显著。西充县文化历史悠久，秦汉时期县境隶属巴郡，隋唐时期置县隶属果州，明清时期县境隶属顺庆府。张澜、纪信、谯周等人为该县历史文化名人。自西充解放后，西充县进入了飞速发展的时期。西充县地处四川盆地中偏北部，县域与市境内顺庆区、嘉陵区、南部县接壤，与市境外射洪市、盐亭县接壤。西充县属亚热带湿润季风气候区，浅丘地貌，全县最高年平均气温 16.9℃，年降雨量 979.6 毫米，平均海拔 361 米，有霜期 60 天以内，四季分明，气候宜人，生态保护良好，植被覆盖率较高。

西充县面积为 1 108 平方千米，辖 21 个乡镇、2 个街道。2021 年人口为 58.14 万，GDP 达到 203.3 亿元。2021 年，粮食生产总面积 84.09 万亩、产量 31.96 万吨，实现农、林、牧、副、渔综合收入 83.89 亿元。油料作物种植面积 27.57 万亩，产量 5.01 万吨；蔬菜及食用菌种植面积 23.22 万亩，产量 53.8 万吨；水产养殖面积 1 870 公顷，水产品总产量 1.44 万吨；园林水果总产量 4.96 万吨；肉类总产量 5.2 万吨。

（一）西充县农业技术推广体系现状

农业技术推广是农业科学技术转化为实际生产力的最后一段桥梁。科技创新是提高生产力的重要手段之一，农业的发展与农业科技创新密切相关。农业科研成果只有走出实验室，通过农业技术推广人员传播到农业生产者的手里，才能将理论与实践结合起来。随着农产品市场的竞争日益激烈，现代农业对产品质量、生产效率、生产周期有了更高的要求。农业技术的更新与推广也引来了新的挑战和机遇。20 世纪 90 年代初期，西充县逐步建立农业推广体系，经过 20 多年的建设，西充县已建立了比较完善的基层农业推广体系。目前，从推广内容来看，西充县农业推广体系可分为四个板块，即农作物种类业、畜牧兽医类、水产养殖类、农业机械推广类。从推广机构来看，全县以农业技术推广站、乡镇农业服务中心、县农机站、涉农企业为主体构建了全面覆盖的推广体系。据不完全统计，2019 年西充县坚持"规模化、集约化、标准化"发展方向，围绕有机粮油、有机畜禽和充国香桃、西凤脐橙、二荆条辣椒、西充黄心苕等特色主导产业，深入推进国家现代农业示范区、首批国家有机食品生产基地建设示范县等建设，全域建成百千米百村有机香桃产业园等六大园区，有机农业生产基地面积达 21 万亩。其中，13 万亩、100 个品种通过有机认证，4 个基地被生态环境部列为全国有机食品生产基地。西充县有机基地规模稳居西部第一，有机农业年产值突破 30 亿元，占全县农业年总产值的 50%。西充黄心苕地理标志产品标识及证明商标已有多家专业合作社、公司和 200 余户保护区农民使用，种植面积已达 8 000 余亩，单位面积产量 1 000 千克，通过品牌带动，经济效益、社会效益、生态效益十分显著。

（二）西充县农业技术推广主要模式

1. 政府主导型推广方式

政府主导推广方式是目前我国主要的农业推广方式。农业生产周期固定、农产品附加值不高、农业流水生产线不完善导致农业在现代商业社会中成为弱势产业。科技创新是提高生产力的重要手段之一，农业的发展与农业科技创新密切相关。农业科研成果只有走出实验室，通过农业技术推广人员传播到农业生产者的手里，才能将理论与实践结合起来。我国的农产品市场处于一个不成熟的阶段，农产品生产面临不确定的自然风险和较高的市场风险。我国是社会主义国家，农业生产是关系国计民生的大事，只有政府完成大众推广服务，循序改变农民思想观念，才能维护农村稳定，推进现代农业建设工作。政府主导型推广方式包括两种：

（1）政府推广机构为主体。政府机构通过专家认证讨论，选取一些成熟技术、优质品种作为重点项目推广。各级农业技术推广部门根据农户实际需求开展技术推广工作。近年来，西充坚持不懈做大有机产业，全力争当"有机农业排头兵"、建设"中国有机农业第一县"，不断擦亮有机农业"金字招牌"，延伸有机农业产业链，有机农产品附加值、带动力持续提升，有机农业年产值占农业总产值的 60% 以上，有机食品年加工产值超 20 亿元。西充成为首批国家有机食品生产基地、首批国家有机产品认证示范县。一是引入冷链推广项目。2020—2021 年培育农产品产地冷藏保鲜设施运营主体 40 个以上，安置农村富余劳动力 1 000 余人，直接带动农户 1 万余户，有效提高当地农户收入每月增收 350 元，为农村全面振兴和农业农村现代化提供了有力支撑。二是西充二荆条推广项目。西充常年种植面积 12 万亩，年产辣椒 15 万吨，产值 3.8 亿元。目前，当地建立大小辣椒专业合作社 26 个，中大型产品深加工企业 1 个，推动发展乡镇辣椒加工企业 12 个、小型加工作坊 146 个，研制开发辣椒系列产品 30 多个，获部省级优质农产品称号 5 个，年创税利 2 000 多万元。三是充国香桃推广项目。西充县将"充国香桃"作为一项促农增收的重要渠道，依托古楼镇"充国香桃"基地，大力发展香桃种植，建成西充县百千米百村脱贫奔康香桃产业园。香桃产业园面积达 10 万亩，涉及古楼、太平等 10 个乡镇 130 个村，覆盖贫困村 24 个、贫困人口 11 601人。此外，当地还依托香桃产业，发展农家乐 73 家、特色农庄 50 余家，常态化举办桃花节、品果节等节庆活动，年接待游客 80 万人次，实现旅游综合收入 1.5亿元。四是西凤脐橙推广项目。西凤脐橙是农业部审定的国家农产品地理标志产品，总投资 30 亿元，规划面积 10 万亩，覆盖双凤、仁和、凤和等 7 个乡镇 91 个村的龙滩河流域现代农业综合示范区项目，已开工建设。项目建成后，依托园区西凤脐橙、有机水稻等产业，同步发展农产品精深加工、农村旅游，实现农旅结合、三产融合发展,带动周边2.5万人实现增收致富。西充县的重点农业项目推广工作,发挥了技术项目示范效应,加快了新技术的推广速度,提高了农业推广效果,促进了该县现代农业发展。

(2)高等院校和科研机构为主体。高等院校和科研机构在农业技术推广体系中有不可替代的作用,技术创新的成果大部分来自高等院校和科研机构。科技创新是提高生产力的重要手段之一,农业的发展与农业科技创新密切相关。农业科研成果只有走出实验室,通过农业技术推广人员传播到农业生产者的手里,才能将理论与实践结合起来。农民掌握、认可了某项技术并将其用于实际生产才能切实提高农业生产力,实现科研院所与生产第一线的无缝对接。农业技术推广实质上是知识、文化、信息相互交流、相互传递的过程。一方面农业技术推广工作者通过大众传播、人际沟通等途径将农业科研成果与推广受众分享,农民接受新信息、新技术在推广机构指导下用于实际生产;另一方面推广人员通过农民反馈信息可以发现推广工作的不足,科研院所研究农民实际生产中遇到的问题,可以发现技术的缺陷,进而加以完善推动新一轮的科技创新。目前高等院校和科研机构主要采取两种方式开展西充县农业技术推广工作:

①技能、技术培训。近年来,该县先后派出200多名农技员深入各贫困村提供农业技术服务,并发放农业科技资料20余万份,推广应用农业新技术、新品种50余项,助推全县97个贫困村顺利脱贫。5年来,该县通过农民夜校、坝坝会、现场技术培训、参观学习等方式,培养农村技术骨干2 515人,培训农民8万余人次,为脱贫攻坚和农村振兴打造了一支"带不走的技术队伍"。农业专家、讲师主要就水果病虫害防治、农作物肥料高校利用、农产品质量安全、农业法律体系方面向种植大户、农业合作社成员作详细、系统的介绍。相关单位和机构定期对精英农民和技术人员进行农业职业技能培训和农业专项技术培训,为西充县现代农业发展和新农村建设工作提供了强有力的技术人才支撑。

②示范指导。地方政府联系高等院校和科研机构建立农业生产示范基地,引导农民了解新品种、新技术。农业生产示范基地为骨干农民、农业合作社提供了良好的示范效应。工作人员组织农民参观学习,引导农民熟悉、学习新技术,并深入田间地头、农户家庭进行现场指导。农业技术推广者和农民的有效互动,畅通了双向交流通道,促进了农业技术的实际运用和高效推广。目前西充县建立专家大院24个,组建专家服务团队36个;开通"12316"为农服务热线,与中国农业科学院、浙江大学、中国农业大学等27家科研院校签订校地合作协

议，引进新技术和新品种 319 个。示范区良种覆盖率达到 100%，科技贡献率达到 70%。

2. 企业主导型推广方式

企业主导型推广方式是以农业科技企业、涉农企业为主体结合企业销售生产活动，对农民、农户进行技术指导以及农业技能培训。农业科技企业是指以农业生物科技为支撑，以农作物新品种、农业生产新技术为产品的企业。企业结合政府农业补贴政策，投入人力、物力进行新技术、新品种的研发，以企业产品的宣传、销售、展示为途径开展农业技术推广工作。企业主导型推广方式有其固有的优势和不同之处。市场经济条件下企业的推广行为首要考虑自己的经营效益，但是企业自身负担推广经费开展推广工作承担了一定的风险，所以企业引进的往往是效益较高、市场前景良好、回报率快的农业项目，这些项目对农民的增收十分显著。随着农业市场的不断成熟和农业科技企业的不断壮大，农业科技企业主要采取两种方式开展农业技术推广工作。

（1）"企业＋农户"型。企业为了生产经营需要有稳定的产品供应保障，同时为了减少生产成本，降低经营风险，企业把种植技术传授给农户。农户与企业签订生产合同，农户种植农作物并按照企业要求提供农产品。这种方式的优点在于农业新技术能够较快地运用于实际生产当中，农业生产效率提高，农民的基本利益也能得到保障。西充县目前有 3 家企业在农业技术推广工作中取得了良好的示范效应。天盛竹业有限公司实行"公司＋基地＋农户"的农业发展模式在全县建麻竹基地 5 万亩，其中在凤鸣镇等 4 个乡镇建立 14 个麻竹示范基地，面积 2 400 亩，签约农户 900 多家，年产有机鲜笋 2 600 吨。西充元斗桃园积极带动 2 000 多户农户种植充国香桃，指导农户标准化、生态化、精品化生产。公司目前基地种植面积 50 余亩，带动周围农户种植 400 亩，年产值上千万元。元斗桃园的示范效应，激发了农户的种植积极性，推广了充国香桃种植技术，为农民持续增收打下了基础。航粒香米业有限公司采取公司带动基地、基地带动农户的发展模式实现了企业与农户的双赢，双方的利益都得到了保障。

（2）涉农企业的直接推广销售型。一些涉农企业以农业技术、作物新品种、农业机械设备的销售为主要经营业务，当农民上门购买产品，销售人员直接向农民介绍推荐新的产品。公司为了打开销售渠道、树立企业品牌常常采用多种推广方式，如外派推广小组下乡宣传新技术、新产品的优点，使用方法及预防事项；联系农业合作组织、基层农业推广机构开办宣讲活动，吸引农民了解新品种、新技术。

3. 民间技术推广方式

（1）农民专业技术协会推广方式。各类协会的主要职能是向农民提供技术指导、信息共享、生产资料租赁、农产品销售运输等服务。目前各类农民合作组织处于萌芽发展阶段，管理松散，组织结构不完善，服务内容、覆盖面积狭窄，资金缺乏是其面临的主要问题。随着农业产业化发展这些问题会逐步解决，农民合作组织将发挥其主观能动性强、技术流转迅速、传播机制灵活等优点，成为基层农业推广组织的领头羊、农民致富的领导者。目前西充县有各类农民合作组织20多家，其中金山红薯农民技术合作协会、竹娃娃农民专业合作社、凤鸣农业技术协会等农民合作组织为西充县农业技术推广作出了大量的工作。金山红薯农民技术合作协会指导农户种植黄心苕1 200亩，年产值上百万元。竹娃娃农民专业合作社与天盛竹业有限公司签订合作协议，带动农户种植麻竹2 400亩。凤鸣农业技术协会开办农民技能培训课，与县农技站、乡镇农业服务中心合作，每年培训农民数千人次。

（2）农民之间自由交流推广方式。中国是一个传统的农业国家，农民对农业生产有自己的传统和经验。一些学习能力较强的农民把现代的农业技术和传统的农业经验相互结合，往往取得出人意料的效果。农业生产是农民的日常生产经营活动，农民在闲暇时分往往相互交流，随着农民之间的交流加深，传统的农业经验和新的农业技术传递到更加广阔的人群之中。尤其当其他农户采用新的生产方法取得良好收成时，这种交流更加频繁，传播速度会更快。

第三节　成渝经济圈农业技术推广服务的影响因素及问题

一、成渝经济圈农业技术推广服务的主要影响因素

理论是实践的指导，实践是理论的验证。目前，成渝地区正在开展农业技术推广工作，然而农业技术推广工作缺乏统一规划，管理模式也缺乏科学性，运营模式也存在不合理现象。本书通过搜索并结合各个文献调查结果，归纳所查阅文献中有关农业技术推广的影响因素可以看出，呈现出宏观、微观两个明显特点。宏观方面表现为基层干部不重视、缺乏政府扶持，微观方面表现为户主个人因素、生产经营情况、农产品销售等重要方面。

（一）宏观方面影响因素分析

1. 基层干部不重视农业技术推广

在经过访谈和调查之后，我们发现基层领导并未对农业技术推广服务给予应有的重视，并且未开展帮助措施，少数基层干部对农业技术推广的发展不支持，对农业推广服务的相关知识和推广程序不了解，没有将农业技术推广发展和农村经济提升结合起来考虑，仅仅建立农业技术推广机构，但不采取有效的发展措施；投入支持较少，使得农业推广服务的发展呈现当前不均衡的状况，导致农业技术推广的发展没有起到实质性的引导作用。查阅文献能够发现，很多学者保持相同观点，有学者认为，一些基层部门未意识到农业技术推广发展的重要性、必要性和核心作用，不了解农业技术推广服务政策。与此同时，农业技术推广服务采取多头管理的方式，这种方式给统一的管理体制的建立带来了阻碍。

2. 政府扶持力度不足

在农村农业技术推广服务建设过程中，成渝地区部分基层政府对于农业技术推广扶持力度的不足也是当前面临的主要问题之一，其中主要表现为以下几个方面：首先，资金投入不足。当前成渝地区农业技术推广的发展资金主要来源于各农业技术推广部门种子的销售利润、培训费等，能够得到政府财政支持的比例仅为31.7%。因此，政府资金扶持的不足使得部分农业推广服务在发展起步阶段便陷入资金周转困境，而不得不中途解散。其次，技术贯彻程度有待加强，技术的经济效率有待进一步挖掘。成渝地区农业技术推广的技术支持多来源于高校和科研院所，虽然使部分参与农业技术推广的农户收入增加，但是农户并未掌握生产发展的技术能力，未能真正掌握高校和科研院所的技术精髓，无法实现二次增收。第三，缺乏人才储备。目前，成渝地区尚未建立人才引进机制，缺乏相应的人才培养政策，这造成了该地区农业技术推广呈现出专业化水平不足、缺乏创新。所以，成渝地区农业技术推广应得到政府的大力扶持。

3. 土地细碎化问题加剧

成渝地区土地细碎化问题相比全国土地总体情况更为严峻，坡耕地面积比重占据八成以上，小农户生产比重高，土地适度规模经营推进难度大，土地生产率和劳动产出率长期低水平徘徊。一是农村青壮年劳动力持续大量外流。四川、重庆均是我国农村劳动力输出大省，农村空心化、农民老龄化问题突出，农村留守劳动力有效供给严重不足，抑制了土地合理利用。二是农户"半工半农"程度加深固化了成渝地区土地细碎化格局。随着越来越多的农民转向代际分工为基础的"半工半农"家庭生计模式，农民对土地依赖性不再强烈，加之农民对土地的持有成本几乎为零，造成一些农户宁愿放弃经营甚至将土地抛荒也不愿意流转。

（二）微观方面影响因素分析

通过上述分析可以得出，当前成渝地区在宏观方面农业技术推广具有多种影响因素，而在微观方面同样存在诸多因素影响着农业技术推广。为此，本部分从微观的角度对这些影响因素进行了详细分析。

根据 2021 年 6—7 月对成渝地区农户开展的入户问卷调查活动，此次活动发放有效问卷 567 份，结合本次研究筛选问卷结果，将漏答关键数据进行删除，并排除了不符合实际情况的问卷，得到有效问卷共计 533 份，样本情况如表 3-2 所示：

表 3-2 调查样本的基本情况

类别	基本情况	人数／人	比例／%
是否参与过农业技术推广	是	56	32.5
	否	119	68.5
性别	男	76	43.5
	女	99	56.5
	文盲与半文盲	7	3.8
	小学程度	96	55.7
	初中程度	47	26.9
受教育程度	高中程度	17	9.6
	中专程度	6	3.4
	大专及其以上程度	2	0.6
	30 岁及以下	17	9.5
年龄	31～40 岁	22	12.0
	41～50 岁	51	2.5
	51 岁以上	85	49.0

数据来源：通过笔者调查数据统计所得。

本部分在研究影响成渝地区农业技术推广的因素过程中，采用二元 Logistic 模型。令 $Y_i=0$ 表示农户继续采用传统农业技术，$Y_i=1$ 表示农户采用新型农业技术，则可以得到 Logistc 模型，如式①所示：

$$Y=\mathrm{Exp}（Z）/[I+\mathrm{Exp}（Z）] \qquad\qquad ①$$

其中，Y 为农户采用新型农业技术的概率；Z 为变量 X_1，X_2， ……X_i 的线性组合，如式②所示：

$$Z=b_0+b_1X_1+\cdots+b_nX_n \qquad\qquad ②$$

根据 2016 年 3-5 月对成渝地区部分农户的问卷调查，选取农业技术推广的主要微观影响因素 13 个：X_1= 性别、X_2= 受教育年限、X_3= 年龄、X_4= 是否村干部、X_5= 是否了解农业技术、X_6= 经营规模、X_7= 商品化程度、X_8= 兼业化程度、X_9= 农产品种类、X_{10}= 农产品销售半径、X_{11}= 市场对农产品等级要求、X_{12}= 政府扶持力度、X_{13}= 示范效应。各变量含义及赋值如表 3-3 所示：

表 3-3 农业技术推广影响因素含义及其赋值

类别	变量名称	变量的含义及取值
农户个人特征	Y=是否题意采用新型农业技术	1=题意采用；0=不题意采用
	X_1=性别	1=男；2=女
	X_2=受教育年限	按照实际受教育年限
	X_3=年龄	按照实际年龄
	X_4=是否村干部	1=是；2=否
	X_5 是否了解所推广的农业技术	1=是；2=否
生产经营特征	X_6=经营规模	以实际经营土地面积为准
	X_7=商品化程度	销售的棉花产量占总产量的比例
	X_8=兼业化程度	2=以农为主；1=非农为主
	X_9=农产品种类	1=棉花作物；2=经济作物；3=其他
棉花销售特征	X_{10}=农产品销售半径	1=本地；2=外地
	X_{11}=市场对农产品等级要求	1=低；2=高
外部环境	X_{12}=政府的扶持力度	1=小；2=一般；3=大
	X_{13}=示范效应	1=较差；2=一般；3=较好

从以上数据可以看出，影响农户采用农业技术的因素归纳如下：

第一，农户是否了解新型农业技术，是影响农户对该项新技术应用成效的关键原因，而从应用模型的相关检测数据来看，在内外部环境保持稳定的情况下，产业农户对最新农业技术越了解、掌握水平越高、意愿越强烈，否则越低。这是因为农户对新技术的了解越多，信息了解程度越高，就更加愿意采用该技术。

第二，经营规模在5%置信水平上通过了显著性检验，且系数为负值。这一结果说明随着农户经营规模的扩大，采用新型农业技术的趋势反而不强。这是因为农户的规模经营使其能够获得较高的收入，从而使其不愿意将现有优势丢失而选择具有高风险的新型农业技术。

第三，相关检测数据也可以证实，农副产品商品化水平在5%左右就可通过效益显著评价，而且体现出正值系数关系。检测结果充分证实，农副产品商品化是产业农民选择最新农业科技的重要原因。两者的水平如果得到有效提升，产业农民选择最新农业科技的积极性就会更高。这是因为较高的商品化程度，能给农户带来更高的经济效益，从而使其愿意采用该技术实现自身增收。

第四，农户的兼业化水平在5%左右就可通过效益显著评价，而且体现出正值系数关系。检测结果充分证实，产业农户在兼业化水平上越高，选择最新农业科技的愿望就会更加强烈。主要是因为从事兼业化生产的农户的经济收入来源较高，即使新技术应用出现失败也不会对其产生重大影响；反之，新技术若获得成功则为其带来更高的收益。

第五，市场对农产品等级要求在5%水平上通过了显著性检验，且系数为正值。这一结果说明在其他条件不变的情况下，市场对农产品等级要求越高，农户采用新型农业技术的动机就越强烈。这主要是因为市场等级要求越高，对农户的农产品质量要求就越高，传统农业技术则越无法适应市场需求。此时，在市场的驱动下农户需要应用新的农业技术，从而推动农业技术的推广应用。

第六，国家政策机制的扶持力度只要保持在1%的水平状态，就可通过效益体现出一种正值系数关系。这一检测结果证实，度越大，产业农民应用、掌握新型农业技术需求程度就会越高，政府财政扶持力度越大。

第七，推广与示范效应对于促进产业农民积极应用农业新技术具有非常显著的积极影响，只要保持在1%的水平状态，就可通过效益显著评价，而且是正值系数关系。该检测结果显示，在内外部环境保持稳定的前提下，农业新技术的大力推广应用，可以有效激发产业农民选择农业新技术的积极性。该项技术的应用若能取得良好的应用效果，则在示范引路的作用下，使农户看到采用新技术带来的好处，从而提高其采用该技术的积极性。

二、成渝经济圈农业技术推广服务存在的主要问题

（一）偏远乡镇推广方法单一，农民接受困难

农业技术推广工作是农民与农业技术推广者双向交流的过程，工作的成败很大程度取决于相互的沟通。工作人员往往忽略了农民的想法和农民的实际情况。首先，农民的文化程度不高，大部分人不愿意接受模式事物。最近几年农村青壮年大多外出务工，农村留守人口多为老弱妇孺。农业生产者大部分为老年人，老年人的思想传统保守，丰富的务农经验一定程度上阻碍了他们对新技术的接受。此外务农收入较低，农民投入的成本却逐渐上升，农民生产积极性降低。再次农业生产缺乏风险承受能力，试用新技术提高了种植风险，农民对新技术大部分采取保守的态度。即使农民愿意使用新的技术、种植新的品种，由于一线工作人员与推广受众的交流渠道不畅通，双方之间沟通方式过于简单，农民接受起来也十分抽象。少数农业技术人员仅采取发送宣传资料等简单方式开展工作，没有到农户家里、田间地头实际指导农民使用新技术，降低了农业技术推广效果。

（二）农业技术推广人员专业素质不高，缺乏技能再教育

成渝地区的部分农业技术推广人员专业素质不高、年龄偏大、学习能力不足严重影响了农业技术推广工作。实地调查显示，成渝地区 40% 的在编农业技术推广人员年龄大于 45 岁，20% 的人员最近 5 年没有参加过技能培训，50% 的人员没有受到过高等教育。推广人员因为学历、年龄、精神状态等因素的影响，对农业生产中的新技术、新品种熟悉程度不够，对新的农业机械设备操作熟练度低，导致农业技术推广人员在工作中力不从心，不能对农户产生示范效应，影响了农民对新技术的掌握和农业技术推广效果。

（三）资金投入有限，工作效率低下

资金投入不足导致工作效率低下，主要体现在三个方面：首先，办公设备不足，降低工作效率。目前成渝地区部分乡镇农业技术推广站存在网络不稳定的现象，影响了信息的传递接收。其次，交通工具不足，影响推广范围。成渝地区农业技术推广站是农业局下属机构，公务用车由局机关统一调配，难以满足农业推广工作需求。再次，推广人员的待遇难以吸引年轻人。农业技术推广人员待遇偏低，直接导致现有人才流失，也难以吸引年轻力量。成渝地区的农业技术推广人员有半数为中老年人，人员年龄分布不合理，工作队伍不稳定。

（四）偏远乡镇农业推广站管理松散

有的乡镇农业推广站管理松散，推广人员职责不明，没有合理的工作考核制度，也没有合适的奖惩措施。部分推广人员责任心不强，在编不在岗，心思没用在工作上，甚至从事其他副业工作，日常工作相互推诿，下村推广工作敷衍应付，推广人员多干少干没有区别。这些现象严重挫伤了大家的工作积极性，导致推广人员在工作中效率低下，缺乏主观能动性，使农业技术推广效果大打折扣。

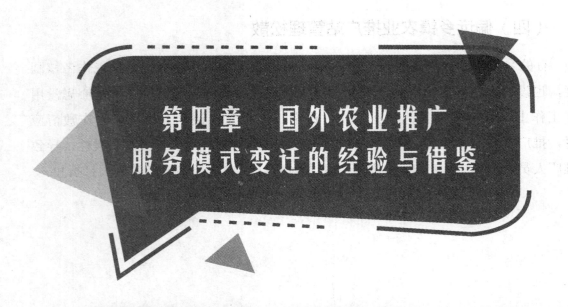

第四章 国外农业推广服务模式变迁的经验与借鉴

第一节 美国农业推广服务模式的经验

美国是世界上拥有最发达农业的国家，其人口虽然只占世界总人口的 5% 左右，但谷物生产量却占世界谷物总产量的五分之一，具有很高的农业生产力水平和劳动生产率。农业历来是美国经济发展的基础，它为工业提供了大量的原料，加工业在很大程度上是在农产品原料的基础上发展起来的。同时，农产品一直是美国重要的出口物资之一，而且农产品出口占出口贸易额的比重呈逐年上升的趋势。目前，美国就业总数的五分之一弱和国内总产值的六分之一强都与农业生产有关。随着经济的不断发展，美国农业不仅内部各部门之间的联系日益紧密，它与国民经济其他部门的相互作用也不断加强，农业呈现出高度商品化、社会化和一体化的趋势。美国独具特色的农业合作推广体系在农业发展过程中起到了举足轻重的作用。

一、美国农业推广体系的建立和发展

美国实行的是推广、教育与科研紧密结合成一体的推广体系，这一过程的建立经历了漫长的过程，最终以一系列法律、法规的形式固定下来，并不断发展完善。

19 世纪 60 年代是美国农业迅速发展的时期，为适应形势发展的需要，国会通过成立农业部，并通过《莫里尔赠地法》和《哈奇试验站法》，从而为美国农业推广体系的建立提供了先决条件。1862 年，国会通过在美国成立农业部，当时农业部的中心任务是农业科研和推广。最初的推广工作主要是收集和向农民传播有关的农业情报资料，进行农业试验、征集、鉴定和推广农畜新品种，编制农业统计等。

为适应向农民传授农业知识和技术、建立教育机构的形势发展的需求，1862 年，国会通过《莫里尔赠地法》。该法案规定把国有土地拨赠给各州，筹建至少一所农业和农机学院。1887 年通过《哈奇试验站法》，目的在为试验研究拨款。法案规定由联邦政府拨款与各州赠地学院联合，建立全国范围内的农业试验站系统，从事农业研究。农业部设立研究试验局。法案还规定各州试验站之间，以及州试验站与农业部之间的协作关系。1890 年法案提出拨款 2.5 万美元给每一所学院，1908 年《纳尔逊修正案》又提出追加赠予。目前，赠地学院多已由成立之初的农业和机械学院而逐渐发展成为综合大学，但其肩负的农业推广任务一直未变。为了能将研究成果及时传授给农民，1897 年在美国农学院和试验站协会之下设立了推广工作委员会，协助农民成立研究机构，出版刊物，举办展览，传授农业科学技术知识，推广农业科研成果等。

1914 年，国会通过了《史密斯—利弗法》，奠定了美国农业推广的基础。该法案是构成美国推广体系提供准则的基本法，它为联邦政府在合作推广体系中的作用提供指导，明确划分联邦政府和州政府的服务方向和责任，提出资金的提供和分配原则等。法案规定由农业部和赠地学院协作领导农业推广工作，由联邦政府资助各州建立农业推广组织，即联邦政府设立推广局，各州赠地学院领导下设立州合作推广服务中心，各县建立推广站，配备县推广员。这种联邦政府、赠地学院和试验站、推广站的合作组织形式，使农业管理、科学研究和推广工作形成一体，成为独具特色的美国农业合作推广体系。之后，随着形势的发展，不断又有新的法案或修正案产生，但农业推广体系的基本形式没有发生变化。

二、美国农业推广体系的组织形式

美国的农业合作推广体系由三方组成：农业部推广局、州赠地学院和县推广站，这三方均参与推广系统的财政、计划和项目的执行等工作。农业部推广局以谨慎的方式操作和协调整个行动，而合作推广体系的特征通过赠地学院得到表达，县推广站直接为农民提供技术服务。农业部推广局是全国农业推广工作的管理机构，也是农业部的宣传教育机构，其主要职能是管理和领导农业推广工作，而不是直接从事推广工作。联邦政府每年拨款资助各州的推广项目，经费一部分是按固定的比例分配，由州政府直接管理使用，其余拨给专项课题。同时，它指导州推广部门制订和执行推广计划，有效地协调各州之间的合作与交流。特别是农业部推广局与州立大学之间的工作人员经常交换，许多推广局的工作人员有在州立大学工作的经验，而州立大学的许多工作人员又有在推广局工作的经验，从而增强了相互之间的了解，有利于工作的开展。

州立大学农学院：美国共有 51 个州，各州都有一个规模很大的州立大学，农学院大多设在州立大学中。州立大学农学院从 1914 年起已是美国合作推广体系的重要组成部分，州立大学农学院的农业推广中心是美国推广工作的中级管理机构，由大学的董事会或校务委员会选出该机构的领导人，并经农业部批准任命。在州农业推广中心主任领导下，设有若干办公室，分别领导农业推广示范、4H [4H 是英文脑（head）、手（hand）、心（heart）和健康（health）的缩写] 俱乐部及运销工作等。各州农学院的推广组织机构不尽相同。州立大学农学院推广服务中心的主要任务是：综合有关专业的科技成果，编写普及小册子发给各县推广站；及时向各县级推广站传播本大学及其他大学、国家最新的研究成果；培养县级科研推广人员。

县或地区推广组织：县推广站是合作推广体系的基础，是农业部推广局和州农业推广中心在地方上的代理机构。全国有 3 150 个县，每个县有一名到数名推广员，全国共有 1.6 万名专职推广员。此外，还有约 300 万在合作推广人员训练和指导下帮助推广技术的志愿服务人员。

每个县有一个推广办公室，与农学院共同负责全县的农业技术推广工作。农业部的研究表明，县推广组织有三种形式：26 个州的县推广办公室成立管理委员会，其成员包含县一级的全体管理官员；有 14 个州的县推广办公室是按州的法律规定成立的，其成员不限于县一级的全体管理官员；有 8 个州的县推广办公室没得到州法律的支持。

州立农业大学和县推广站是美国农业推广体系的核心，在农业教育、科研和推广工作中发挥着重要作用。建于 1885 年以农业科技为主的美国密歇根州立大学具有很强的代表性。该州立大学在农学院设有推广站，负责管理全州的推广项目、人事、财务和日常推广工作。州推广站有一名站长，负责全面工作，4 名副站长分别负责农业及市场、自然资源、4H 和家庭方面的推广工作。州推广站有职员 70 人左右。全州有 83 个县，每县有一个推广站。县推广站有 1 名站长和 3～5 名推广员。目前全州、县两级共有 450 名受过良好训练的推广员，其中 150 名为校园内的专家。

三、美国农业推广体系的人员情况

据统计，联邦政府内的国家推广人员有 177 名，各州在发展和传播农业教育计划中，专业技术推广专家有 16 745 人，还有 5 000 多名营养学助理从事有关营养、食物和健康等方面的工作。农业技术推广员必须具有本专业学士学位，如农业、家庭经济学、牲畜饲养、植物保护和农业机械等；更高级的推广人员需具有本专业的硕士或博士学位。在大学课程中，园艺学、销售、畜牧、农学、食品及营养、生态学、纺织及衣物、家政、资源管理、室内装修、海洋科学、广告、心理学、生物学、教育学、经济学、化学和推广教育等近 20 门课程是对推广人员有用的课程。推广人员的职位不同，要求的专业水平也不同。州以上的推广人员一般都是专家，并有较高的学位，50% 以上为博士，其余为硕士，少数为学士。地区级推广员中，具有硕士学位的占 60%，30% 为学士，博士学位的不足 10%。县一级的推广员中，学士学位的比例大，占 50% 以上，但近年来硕士学位的比例上升较快，超过 40%。县推广员主要从事一个县的推广工作，直接与农民接触，向农民推广介绍新技术和新信息。地区推广员从事两个县以上的地区推广工作。州推广员一般为赠地学院的教师，有时兼搞科研，主要提供新的科学技术和情报信息，并培训县推广员。联邦推广员为农业部推广局的干部，主要是指导各州的工作，提供国家级的科研成果和经济资料，从事组织和协调工作。

美国合作推广体系中还有一支庞大的志愿者队伍。290 万志愿者每年大约有 51 天的时间和专业推广人员一起工作，其中三分之二的人员和推广人员一起服务 5 年以上。志愿者除了奉献时间外，在制订推广计划时，平均每人每年还募捐 130 美元左右支持开展推广工作，志愿者用咨询服务、协作示范、举办展览等方法推广新技术。他们在帮助服务对象改善知识结构、健康条件、安全状况和提高生产技能的同时，也使自己在丰富知识、了解社会、改善各种关系上也受益匪浅，特别有利于掌握第一手的材料，获得更有价值的信息，促进推广工作的深入开展。对服务对象进行抽样调查后，得到的结果是：认为志愿者帮助他们获得信息的占 95%，认为帮助他们发展了新的技能的占 87%，84% 的人表示帮助他们确定了态度，认为帮助明确目标和帮助解决问题的各占82%。由于志愿者的热忱服务，帮助人们提高了经济、社会地位，开发了人们的智慧和力量，提高了其自信心和参与意识。他们在调动人们的积极性、创造社会财富、改善人们生活等方面所进行的工作是极有价值的，在美国合作推广中起着举足轻重的作用。

四、美国农业推广体系的经费情况

美国农业推广体系的资金主要有三个来源：联邦政府拨款、州县拨款，以及各种私人投资和捐赠。联邦政府的农业推广拨款对促进整个农业推广体系的建设和美国农业经济的发展起到了重要作用。美国以立法的形式保证了联邦政府对农业推广的经费投入。如联邦政府分配给各州的原则，在《史密斯—利弗法》中曾有规定：按每个州的农业人口占全国农村总人口的比例进行分配，而人口的统计是根据下次联邦人口调查之前的数字（每10年进行一次人口调查）。当农村人口的分布发生变化时，这些州之间的分配数额也随之改变。之后曾有过几个修正案，对资金的分配也提出不同的意见。1962年的修正案提出资金的分配原则为：资金的4%为农业部推广局用于"示范、技术和其他服务，以及协调农业部和各州、准州和属地之间的推广工作"。剩余的资金（96%）中提出20%按相同的数量分给各州；40%根据人口调查，按各州农村人口数占全国农村总人口的比例拨给各州；剩余部分仍根据人口调查，按各州从事农业的人数与全国总的从事农业的人口数的比例拨给各州。为了加强资金的使用，法案规定，如果资金被浪费或滥用，则将停止拨付，并将被其他有关州所取代。法案中详细规定了资金不能用于以下情况：购置、建筑、维护或修理任何建筑物或建筑群；购置或租赁土地；用于赠地学院内部的课程教授或讲座、农业培训，或法案中没有明确提出的其他的花费。美国的合作推广工作由于资金的使用合理、分配得当，也是推广项目得到顺利实施的重要原因。

第二节 日本农业推广服务模式的经验

日本实行以政府组织为主导的政府和农协双轨农业技术推广体制。政府设立了一套健全的从国家层面到地方的技术普及与推广组织系统。农协，即日本农业协同组织，是开展农村综合服务工作的民间组织，在日本农业推广体系中起着极其重要的作用。其推广体系结构简单、人员精干。

一、日本农业推广体系的历史演变

随着时间的推移，日本的农业推广体系历经小区域推广、中区域推广和大区域推广体系。其中小区域推广体系始于20世纪50年代中期，主要是农业改良推广员长期驻扎在各市町村，农机推广人员长期居住在各个基层村落，到当地农户家中进行农业技术的指导，通过面对面的交谈，帮助农民设置试验田，将新型农业生产技术传播给农户，当时对改良农业生产、提高农民生活水平起到了巨大促进作用。到了20世纪60年代，日本经济经历了高速增长，农业生产力水平也得到了有效提高，日本政府颁布了《农业基本法》，日本进入了农业现代化快速发展时期。此时，日本农业技术推广进入了中区域推广体系，其主要标志是农业推广中心对农业技术推广人员进行整合，实现农业技术推广体系的区域融合，将农业技术推广中心压缩到1 583个，每个中心配置7～8名农业技术推广人员，负责2～3个基层行政村的管理，提高了农技人员指导农民技术的能力，政府的财政扶持政策极大地促进了农业机械化发展，大量农民拥有先进的农业拖拉机等农机设施，促进了农业生产力的提高。到了21世纪初期，日本的农业经营逐渐朝向更加专业化发展，此时日本政府继续加大对农业技术推广中心的整合力度，提高其工作效率，将原有的技术推广中心继续压缩至630个左右，进一步细化农业技术推广人员的工作职能，使其工作更加具有专业性和高效性的特点，形成了广域农业推广体系。到了经济发展的新时期，日本政府不断对这种广域农业推广体系进行调整，不断适应市场变化发展，逐步形成了目前的协同农业推广体系。无论是针对哪一种农业技术推广体系，日本政府都十分重视对农民生活方面的改善指导，并配备专业的生活改良员，使农民的生活水平能够伴随农业技术的推广应用得到改善，这将会成为农民支持农业技术推广的巨大动力来源。所以从上述日本农业推广体系的历史演变中我们可以看到，面临经济发展的不同形式，日本政府都能够审时度势，不断适应市场的变化发展，制定出不同政策适应农业技术的推广发展，并使得农民的生活水平随之提高改善。

二、日本农业技术推广制度的构建

著名经济学家诺思在《西方世界经济增长的增长理论》一文中，将经济增长的主要因素归因为制度因素，指出经济增长的关键因素是制度。中国著名经济学家吴敬琏在《制度高于技术》一书中也明确指出，制度高于技术，合理的制度安排有助于推动技术的发展。新制度经济学在分析经济增长与技术进步的关系中，引入制度因素，并提出相应观点，认为以往的技术进步、专业化的分工及发展以及增加投资等原因，并不能看作是促进经济增长的原因，经济增长只能从制度层面寻求其原因，因而提出了是制度创新决定技术创新，好的制度会促进技术创新，坏的制度将会阻碍技术创新。日本农业的快速发展得益于其完善的技术推广制度，这些制度涉及农业推广的方方面面，比如一些促进农业技术推广的法律法规支持等基础性制度，农业技术推广方式等一些主要管理制度，对农技推广人员的招聘和培训等一些次要管理制度。这些制度相互配合、相互促进，极大地提高了日本农业技术推广的质量和数量。

（一）日本农业技术推广的基础性制度构建

新制度经济学派提出了制度变迁的概念，认为制度变迁从本质上来看指的是一种新制度对原来旧制度的更替，并将制度变迁分为诱致性制度变迁和强制性制度变迁，而强制性制度变迁则指人们在各种外界压力下（如政府颁布命令、法律及实施相应政策）被迫被动接受新的制度安排。

日本的农业技术推广机制是建立在 1947 年《农业协同组合法》和 1948 年《农业改良助长法》等法律制度的基础之上逐步发展并完善的，日本农业的快速发展也得益这种完备的法律制度，可以说其主要依赖于强制性制度变迁。纵观日本历史上农业推广的不同时期，总是有相宜的法律法规体系保障着这种农业技术的推广。第二次世界大战后，日本政府为提高农业生产力，促进农业发展，于1945 年 12 月颁布《关于农地改革的备忘录》，对农业技术的普及制订了计划，给技术制订了指导方案。1948 年，为了促进农业技术的高效推广及普及，日本国会颁布《农业改良促进法》和《农业改良局设置法》，农林省增设农业改良局作为日本农业技术推广的专门机构。1957 年，伴随着日本经济的高速发展，日本农业政策的主要目标为"综合粮食自给度强化"，为了提高水稻、小麦等主要农作物的产量，日本政府配套制订了《粮食增产五年计划》和《乳业振兴法》。1959年到 1961 年，日本经济又一次进入了快速发展期，农业推广面临的新课题转变为提高农业技术推广人员的技术指导能力，为解决这一问题，日本政府对《农业改良促进法》进行了相应的修订完善。

日本政府先后三次修订《农业改良促进法》，极大地促进了农业的发展，并形成了有日本特色的协同农业推广体系。上述日本有关农业发展方面法律制度的实施，是诱致性制度变迁的结果，政府的角色始终属于制度层面的供给者，正是这种基础性制度的持续供给，保障了日本农业技术推广体系的有序运转。

（二）日本农业技术推广的主要制度构建

与日本农业技术推广方式相关的一些主要管理制度包括政府和农协双轨农业技术推广制度等。其中日本农业技术推广体系包括两大类：一类是由政府部门（包括国家和都道府县两级政府）为主的推广体系，另一类是由民办的农协组织为主的推广体系，二者相互配合、相互扶持，共同对农业从业人员进行技术以及生活方面的指导，这被称为协同农业推广体系，这种管理制度有助于农业生产经营技术的普及推广。以政府为主的农业推广体系源于1948年，由日本农林水产省本部与粮食厅、林业厅、水产厅、地方农政局等四个机构共同构成，除此之外，又设有大臣官房、粮食综合局、消费安全局、经营局、生产局等直属机构直属于农林水产省本部。地方政府也设有农林水产部，同样直接隶属于本部管理，中央和地方在技术、资金和政策方面相互协调管理。其中，日本农业技术推广的最高机构为农林水产省本部设置的普及部，统筹全国农业技术推广，包括经费预算、科技成果管理转化以及普及员的培训及资格考试、农业政策的贯彻实施等；各都、道、府、县的农林部设置农业改良普及所，主要负责地方农业技术推广的上述职能；而最基层的农业技术推广组织则为设在各个市町村的农业改良中心，这种改良中心连接了科研单位和农民，农民将生产过程中遇到的技术难题反映给推广改良中心，改良中心再反映给相关科研院所，最后将技术科研成果反馈给农民。在该中心设置"专业技术员"和"改良普及员"，"专业技术员"主要指导日常行政工作、协调试验研究机构、策划农业技术计划推广等，而"改良普及员"又进一步细化为"农业改良普及员"和"生活改良普及员"，这些普及员直接与农民联系，为农民服务，不仅负责农业技术的推广，也负责农民日常生活质量的改善，保障农民农忙时期的营养等。后来，这种"专业技术员"和"改良普及员"统称为"普及指导员"。日本农协则是农民自己组织的民办性质的互助合作组织，农协为成员提供全方位服务，包括技术、资金、经营、保险等各个方面，其组织体系覆盖了农户—基层农协—都、道、府、县农协—全国农协，涵盖面十分广泛。在日本，几乎所有农民都会加入农协，农协负责的农业技术推广活动包括农业技术推广指导和农户生活指导，为农民提供技术指导、信用服务、产品销售模式和社会保险保障等方面的服务。具体工作流程如下：农民将生产中遇到的技术难题反映给基层指导员，基层指导员反馈给专门技术员，再由专门技术员反馈给相关科研机构，最终再反向传给农民。这种双轨农业技术推广制度极大地提高了日本农业技术推广效率，有助于迅速收集农业生产领域中的技术难题，并能及时将科研成果转化为现实生产力。

（三）日本农业技术推广的次要制度构建

农业技术推广人员的素质高低也是决定农业技术推广是否能够成功的主要因素之一。在日本，农技推广人员的招聘选拔制度非常严谨，是按照公务员选拔机制聘用的。无论是专业技术员还是改良普及员都要参加国家及都、道、府、县组织的统一专业资格考试，必须取得相应资格，才能从事相关岗位的工作。除非大学毕业后至少 6 年从事农业领域的相关科研工作，方可免试。正是这样的严格聘用及选拔机制，日本的农技推广人员的素质普遍较高，具备该行业扎实的理论知识和丰富的实践经验。另外，在农机人员的培训及工资待遇方面，日本同样非常严格。日本政府及农协共同对农技人员进行培训，每年会由国家颁布《协同农业普及事业运营方针》指定培训计划，这种培训计划非常详尽，针对培训对象及目标的不同，培训的内容也会有所区分，这种培训不会流于形式。国家对培训经费全权负责，这就使得日本农技推广人员的业务水平不断提高。在农业技术推广过程中，经费是最基本的投入，只有具备充足的经费来源，才能保障农业技术推广持续健康快速地发展。日本政府的经费推广制度非常完备，政府在《农业改良助长法》中明确指出，推广经费由中央政府和都、道、府、县等地方政府共同承担，并以法律形式规定其承担比例。目前，日本的农技推广经费很高，占该国农业预算相关经费的 20% 左右。除此之外，各农协内部开展经营活动的资金盈余、社会及企业部门的捐款等都是日本农技推广的经费来源渠道。这种多种渠道筹集资金的格局，为农业技术的推广及农业现代化发展扫除了后顾之忧。

三、日本农业技术推广机构

农业技术推广在日本被称为"改良普及事业"，基本机构为地域农业改良普及中心。从事农业技术推广的职员一般称之为普及员，根据功能分工，普及员又分为专门技术员、改良普及员，后者又可分为农业改良普及员、生活改良普及员等。日本农业水产省本部农蚕园艺局内设立普及教育课和生活改善课，作为国家农业普及事业的主管机关，负责农业改良、农民生活改善和农村青少年教育等方面的计划、机构体系、资金管理、情况调查、信息收集，同时负责普及组织的管理、普及活动的指导、普及方法的改进以及普及职员的资格考试和研修等工作。农林水产省还把 47 个都、道、府、县按自然区划分为七个地区，分别设立了地方农政局，作为农林水产省的派出机构。地方农政局内设农业普及课，对各地农业普及事业进行指导和监督。各都、道、府、县农政部内设普及课，负责普及工作的行政管理工作。各地域下设农业试验场、农业者大学校、农业改良普及所，分别负责农业技术开发、农业技术普及教育等工作。各地根据地域面积、市町村数、农户数、耕地面积及主要劳动者人数，确定设立农业普及所的数量、规模。农业普及所是各地农政部的派出机构，具体负责管理区内的农业普及工作。

四、日本农协的机构设置及运作

农协是农民自主、自助、自治的经济组织。农协以提高农业生产力和农民的社会经济地位，实现农业经济的发展为目的，是法制化的农民合作组织，最大限度地为农户作奉献，不以营利为目的。农协的内部机构设置一般包括总会、理事会和监事会。总会是农协最高决策机关；理事会是总会的执行机关，根据总会确定的方针，组织实施各项事业；监事会负责监察农协财产状况及理事的工作情况。农协的组织系统自上而下分为三个层次：第一个层次是农协中央会，是农协的指导机关，设立在全国各都、道、府、县的农协中央会目前共有 48 个；第二个层次是农协联合会，都、道、府、县都设有联合会，以基层单位农协为会员；第三个层次是基层（单位）农协，一般市町村级的农协属此层次，主要由农业生产者个人组成。日本 70%以上的农协从事的业务活动是不赚钱的，农业生产与经营指导也是无偿的，农协自身所需费用主要来自信贷、保险业务的获利和政府补贴。农协设有营农指导员，在生产、经营方面给农民以全方位的指导。产前由营农指导员按专业把农户组织起来，根据农协提供的信息以及各农户的实际情况，帮助农户编制生产与经营计划，并给以具体帮助，如取得信贷资金、开发引进低成本高收益的技术、推广优良品种及制定合理的耕作制度。产中按规划供应农药、化肥及其他生产资料，并进行具体的技术指导。产后接受农户的委托，对农产品进行分级包装并运往市场。农协承担了这样一些繁琐的事务，农民可以集中精力搞好农业生产，这不仅增加了农民收入，而且为日本农业的专业化、社会化、规模化提供了有力保障。

第三节 以色列农业推广服务模式的经验

农业技术推广体系是农业技术推广工作的基础和保证。西方发达国家的农技推广体系已有 100 多年的历史。出于自身发展的需要，发展中国家在第二次世界大战后纷纷开始建立农技推广机构，因此形成了不同类型、各具特色的农技推广体系。以色列农业技术推广体系建设取得的成就尤其引人注目。

一、以色列农业发展的成就

以色列实际控制面积约 2.5 万平方千米，总人口为 846.2 万，是中东地区经济发展水平最高的国家。农业是以色列国民经济的支柱与对外贸易的三大产业之一。以色列的农业人口只占全国总人口的 9%，耕地面积约为 43.7 万公顷，约占领土面积的 20%，人均耕地面积仅为 0.06 公顷。以色列农业发展环境极其恶劣，但其农业能够完全满足国内需求，而且还发展为出口导向型的产业，占全国总劳力的 3.5% 的农民创造了 5% 的国民生产总值。以色列每年出口价值 6 亿美元鲜活农产品和 6 亿美元的加工食品，每年农产品出口环节得到的利润达 1.5 亿美元。另外，以色列每年有 3 000 万头水仙花出口到欧美市场。利用先进的温室技术，以色列成功地创造了每季每公顷土地收获 300 万朵玫瑰花和 300 吨西红柿的傲人产量。近十年来，以色列农业总产值年增长率始终保持在 15% 以上，占总人口不到百分之三的农民不仅供给全国农林产品，还把农林产品大量出口欧洲国家。在过去 50 年里，以色列农产品出口额增长了 12 倍之多，因而它有"欧洲厨房"的美称。

以色列是一个水资源极端匮乏的国家，一年降雨仅 2～3 次。以色列每年可供利用的淡水资源总量约为 16 亿立方米（只相当于我国长江 6.4 天的流量）。以色列政府深刻意识到水资源对本国农业发展的重要性。1956 年以色列当局就开始实行了全国废水回用计划，值得注意的是，这些水全部被用于农业灌溉。如此全国水利运输系统就和废水再利用工程一起，成为以色列建国初期农业发展所依靠的两大重要支柱，为以色列实现食品的自给自足提供了资源保障。目前，以色列已有 80% 的灌区使用这种方法，水资源利用率最高可达到 95%。

除了推广先进的灌溉技术，以色列非常注重农作物新品种的研发。大批优秀的农业专家在国家科研机构和大学中指导着众多的科研人员进行研发工作。他们指导农民种植各类新型农产品，并教会农民使用先进的抗虫抗旱技术，农民的收益得到了有效保障。同时针对农民劳动过程的问题，研发团队及时做出应对，进行二次研发，改良品种和技术，新品种的科技含量再次提高。

二、以色列农业技术推广体系的建设特点

与欧美国家的农业技术推广体系建设不同，以色列农业技术推广体系在建设主体、组织结构、推广方式、保障措施、用人机制五个方面形成了鲜明的特色。

（一）建设主体

以色列政府将农技推广定性为公益性活动，政府是农技推广体系建设的主体。主体的确立明确了以色列农业科研和推广的主要执行者和融资方是政府而非其他部门，农业技术推广部门的工作人员属于国家公职而非其他职业类别。

以色列全国有30多处从事农业科学研究的单位，大致分为基础性和应用性研究两大类。第一类是以基础性、宏观性研究为主的机构；第二类是应用性研究机构，如肥料和土壤研究中心、纤维研究所、植物保护研究所、大田作物与园艺作物研究所、农业工程研究所、土壤侵蚀研究所、生物防治研究所等。这些农业研究单位主要由政府农业部管理，这样既可以明确领导关系，使权责分明，还有利于加强农技推广体系建设，有利于农技推广工作的部署和全面展开。

（二）组织结构

以色列农业技术推广组织结构，既包括了政府农技推广组织，也包括了私营农技推广组织、农业专业协会农技推广组织和农业教育培训机构推广组织，形成了以政府为主体、社会相关组织广泛参与的"一主多元"的组织结构。这种组织结构既可以发挥政府的主导作用，又可以吸收社会上各个涉农部门的力量，共同进行农业技术的推广工作，提高效率，提升农技推广部门的整体实力。

以色列政府型农业技术推广体系由两部分构成：国家农技推广服务机构和地区农技推广服务中心。每个区域中心有10～30名专业推广人员，并根据区域农业技术推广特点建立了一些专门委员会。这种国家和地方农业技术推广组织结构分开的特点有三点好处：其一是明确了地方农技推广机构的管辖范围和职责；其二是明确了国家农技推广机构监督监管地方农技推广机构的行政职权；其三是以

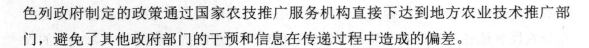

色列政府制定的政策通过国家农技推广服务机构直接下达到地方农业技术推广部门，避免了其他政府部门的干预和信息在传递过程中造成的偏差。

（三）推广方式

以色列政府承担了农业推广经费的 90% 以上，农业推广工作经费充足，导致以色列农业推广方式的多样化。具体来说：一是由区域性农技推广服务中心的推广人员在农场、田间和果园现场示范，集中推广；二是由全国农业技术推广网络系统在线解答农民在生产过程中遇到的实际问题，或者由推广部门指派专家实地解决问题；三是推广中心对试验新品种和采用新技术的农户提供全程跟踪式的专业服务，农民所要付出的是对全程跟踪式的专业推广服务支付费用；四是针对农民关心的农业技术问题，地方农业技术推广部门定期举办培训和宣讲。

（四）保障措施

以色列农业科技推广之所以能够取得举世瞩目的成功，主要得益于建立了以下三方面的保障措施：

第一，制度保障。农业技术推广工作的顺利进行受到很多主客观条件的制约，农业科技推广发展离不开政府政策支持与制度保障。建立程序规范、内容全面、措施适用的制度，用制度保障推广工作的顺利推进，是以色列农业技术推广体系成功的重要因素。以色列通过制定《鼓励研究与开发法》，把财政、信贷等支持农业科技推广工作的措施制度化，从而使农技推广逐步走向法治化、规范化道路。例如，1984 年颁布实施的《鼓励投资法案》中明确要求，政府应设立农业项目开发风险专项基金，解决农业研发部门缺少经费的现实问题，为其研发高附加值的农产品和相关技术推广提供制度保障。在水资源的保护方面，以色列也做得颇为出色。1959 年颁布的《水法》明确规定："国家的水资源是公共财产，必须置于国家的绝对控制之下，以供其居民使用，供这片国土的发展之用。"

第二，资金保障。在以色列，农业技术推广是一项公益性服务，因此所需经费绝大部分由政府财政拨款，只有大约 10% 来自农业生产者的自助，如农业生产者组织、技术成果转让、国际合作基金等。强大的资金支持换来了以色列农业技术推广工作的高效性和实用性。资金到位，以色列农业推广工作可以开展多方面、多角度的工作，农业技术推广人员可以深入田间地头进行调研走访，了解农民的需求。农产品开发部门也可以充分利用政府资金开展研发工作。同时，农业技术推广人员不会因为担心自身生活得不到保障而从事其他工作或者另谋高就，相反，他们会积极工作，争取晋升机会，从而获得更高的报酬。

第三，教育保障。以色列历来重视教育工作，认为教育投资是农业科技推广实现的前提条件。这里所指的教育包含以下两个方面：一是对农民的教育。在以色列，各区域农业推广中心经常举办农业生产技术培训班，农民受教育程度普遍较高，能较快掌握农业新技术和新知识。这样一来，农民劳动与新技术应用的磨合期大大缩短，既节约了农产品产出时间，为农民得以增产增收创造了条件，又可以减少农民反馈新技术应用效果的时间，促进新技术的二次研发。二是对农业技术推广人员的教育。前面介绍了以色列政府充分发挥了制度建设，使得农业推广经费得到了保障，其中一部分会作为推广人员的再教育经费，旨在培养和提高农技推广人员的素质和知识水平，促使其掌握最新的农业生产技术。在实际农技推广工作当中，推广人员可以充分发挥其职能作用，传授农民新的农业知识和技术。

（五）用人机制

人才队伍建设对农技推广发展有着重要影响。在以色列，农技推广人员每年都要接受绩效考核，政府会定期考核他们的推广工作。考核内容包括工作质量、工作进度和服务态度等，通过考核进行评级，根据评定的级数发放工作人员的工资，不合格的人员会被派往大学或者其他部门进行学习，学习结束并且考试合格后才能重新工作。

被录用的推广人员必须在有经验的推广人员的带领下从事各种推广工作，学习和掌握各种推广方法。这样的绩效考核办法激励他们高效工作，同时为了取得较高的工资不断学习知识和技能。另外，农技推广人员的退休金也和他们的工作效率挂钩，这样既可以保证推广人员在退休后的基本生活，又起到了激励他们努力工作的作用。

第四节　国外农业推广服务模式的借鉴经验

一、政府兴办农业推广是当今世界的主流

由于各个国家的政治、经济、社会、文化、历史发展进程的不同，为农业推广赋予的含义、内容、方式、方法都有差异，但不管是发达国家还是发展中国家有一个共同的特点，这就是各国政府都把农业推广当作一项公益事业。美国各州及州

以下农业推广组织是以大学为基础，但仍是政府办的官方机构。政府主导的农业技术推广的另一个突出表现是：政府财政支持是推广经费的主要来源。世界上许多国家通过立法确立农业推广事业和推广机构的法律地位，也保证了推广经费的来源。建设一个高效、完善的农业技术推广体系离不开政府的投入，政府投入包括财政资金投入、教育投入、农业科技投入。

二、法律法规是保障各类农业技术推广服务主体持续运作的前提条件

各国为促进农业技术推广服务组织发展都制定了相应的政策法规，为组织的发展创造了良好环境。多数国家将农业推广机构定性为行政单位，在农业部门中设立推广机构，由特定部门统一协调推广工作，使政府主导型农业推广机构能够从政府部门中得到充足经费，并且用法律保障拨给推广组织的经费按一定比例实施。

无论是美国还是日本，这些国家的农业技术推广之所以成功，基本是依靠健全的法律保障。美国通过制定《莫里尔赠地法》和《哈奇实验站法》为其建立农业技术推广体系提供了基础保障，随后颁布的《合作推广法》用法律形式将农业技术推广体系固定下来，至此，美国农业技术推广有了比较完善的法律制度保障。为建立并完善农业技术推广体系，解决农业的发展进步问题，日本先后出台了《农业改良助长法》《农业协同组织法》和《新农业基本法》等一系列法律。日本的《农业灾害补偿法》则为农业保险提供了法律保障，刺激农业技术推广人员实施推广工作。

美国的农业技术推广除了重视教育之外，关键的是重视法律激励。农业科技奖励方面，1787 年，美国就在宪法中规定保护发明人的专利权。1790 年，美国制定了第一部专利法，这是一部完整的起激励作用的法律。1914 年，《史密斯—利弗法》有效激励科研成果在农业技术生产中的转化，激励农民提高科学文化素质和掌握先进的实用技术，明显改善农民生活质量。农业技术推广方面，1862 年《莫里尔赠地法》的颁布大大激励美国各州创建农工学院的积极性。南北战争后，该法的激励使得美国经济快速增长，在三四十年的时间里，该国成为世界上最大的粮食生产国和农产品出口国。1887 年《哈奇实验站法》加大美国财政支持力度，通过联邦政府向各州提供年度财政拨款，资助各州依托农工学院建立农业试验站。该法案及其相关法案的颁布实施，激励美国农业试验站的发展，促进美国建立和完

善农业科学研究体制。1950 年，美国国会通过《工会考绩法》，凭借考评结果晋薪升职。农业保险方面，美国 1938 年制定的《联邦农作物保险法》，内容广泛，涉及联邦农业保险公司的设立、巨灾风险的保障与风险管理援助等诸多方面。此法后来经过多次修改，在美国农业保险中占据主要地位。美国农业部还制定了《标准再保险协议》，它是调整联邦农作物保险公司与私营保险公司之间再保险、补贴及监管关系的重要法规。20 世纪 70 年代以来，美国加强立法激励，对国民经济发展起到巨大激励作用。1980—1990 年，美国政府先后颁布了 9 部与科学技术有关的法规，另外还颁布了减税方面的其他法规。

美国的农业发展史就是一部法律激励史，通过法律激励，促进了美国的科技、经济和社会的发展，农业推广技术迅速转化为成果，有效地提高了美国农业生产效益。

三、科研、推广、教育紧密联系

美国科研、推广、教育三者统一管理、密切联系，形成有机合作的推广模式，很多从事农业技术推广的专家教授三分之一的时间搞教育，三分之一的时间搞研究，三分之一的时间搞农业技术教育推广。日本的农业技术推广部门与科研单位既有明确的分工又有密切的协作关系。在日本，农科所不参与推广活动，主要负责实用技术的开发研究，承担新技术的验证试验，并利用验证试验对辖区内的推广员进行培训。通过验证试验后的新技术成果，由专门技术员传递给推广站，再由推广站选择示范农户组织验证示范，通过设置示范、召开现场会等方式，向农户宣传推广。同时，推广员把推广活动中遇到的技术难题以及农民的需求通过专门技术员传达给科研部门，以得到研究解决。

农业发达国家的农业研究、教学与推广总是紧密联系。例如，美国高校农学院紧密连接科研、教育与农技推广，有效发挥了农业科研对农技推广的积极作用。日本则设立了专门的与农业相关工作的组织机构，负责推广普及相关农业知识，充分联系起农业推广改良推广所、农业院校和农业科研单位等组织，使科研、推广、教育的结合成为可能。在科研、教育和农技推广机构设置方面，总结出以下三个相同点：一是大多数国家将农业科研中心与农业推广普及中心建立在一起；二是大部分从事农业科学技术研究的工作人员和农业推广服务的工作人员同时在地区农业大学兼任相关教学任务；三是科研成果经过专业验证后，经由农业普及推广所传授给广大农民。

四、重视农民的需求

日本的农业技术推广非常重视农民的需求，按农民意愿开展推广活动，即"从下到上"的工作方式。首先根据农民的需求，设定推广课题，再制订推广计划，按计划进行实施，然后进行评价，将评价结果反馈到下一推广计划中，不断发现问题、分析问题、解决问题。同时把推广活动中发现的问题及时向政府部门和科研部门反馈，以得到及时解决。

与大多数国家不同，澳大利亚似乎没有一个完整、科学的农业技术推广体系存在。具体而言，联邦政府没有一个职责分明、机构完备、人员齐整的推广体系，其推广职能的发挥取决于州政府农业技术服务部门的工作绩效及制度安排。也就是说，澳大利亚的农业技术推广体系并非全国统一，而是由各州政府依据其所在区域的行业分布和生产需要，单独设置推广机构并对其有效管理，而这样做的目标在于节省公共开支和保证政府工作的高效运转。

澳大利亚各州政府的农业厅或基础产业厅都会专门设立农业技术推广机构，负责农业技术指导、收集农民需求信息、农村人力资源开放等工作。随着农产品市场国际化程度的逐步加深，自 20 世纪 90 年代中期开始，州政府农业技术推广的理念和服务模式发生了一些新的变化，具体表现为以下三个方面：一是与涉农企业开展广泛的交流与合作。政府农业部门借鉴了商业企业中"顾客导向"或"市场导向"的理念，将其工作目标定位在了满足不同农民的技术需求上。为遵循这一理念，一些州以行业（包括乳制品行业、肉类行业、糖类行业、海产品行业等）为划分标准，对推广部门的组织机构进行了重新组合。每个行业设立行业委员会，各委员会会员一般由企业董事或商业代表担任，从而在最大限度范围内保证了政府机构和企业部门的合作关系。二是对农业技术进行分类，并尝试一种有偿服务的运作模式。部分州政府将农业技术划分为私有商品、行业产品类服务和公共产品类服务三种主要类型。其中私有商品（主要涉及农药、良种、化肥等生产要素）由农业企业负责生产、试验和推广，由于农业技术商品是使用价值与价值的集合体，因此这类商品的顾客导向性特征十分明显；行业产品类服务是指针对涉农行业内特定的名优产品而提供的农业技术服务，该类农业技术服务由地方政府和农业经营者共同出资，份额各占 50%；公共产品类服务全部由政府出资，服务内容涵盖病虫害预防、区域生态保护等，旨在维护国家农业生产安全和社会稳定。此外，塔斯马尼亚州政府完全实施农业技术服务私有化战略，推广人员采用一对一的服务方式，依据顾客需要开展工作，费用也参照私有企业标准收取。

三是政府推广部门工作理念的创新和变革。具体表现为：改变以往自上而下的技术传播路径，转而运用农业科技服务体系和多种类型的技术服务供给者，采用自下而上的方式对广大农民进行服务；工作重点除进行农业技术服务外，更加注重农村地区人力资源的开发和利用，把农民能力建设作为推广人员日常工作考核的标准之一；广泛使用无线网络、便携网络、数字产品等现代化传播媒介，实现农业技术供给与需求信息的快速传递，有效地提高了农业技术推广效率。除亲力亲为外，政府推广部门会将一些任务外包给其他技术服务供给主体，自己只起一种监督和协调的作用，这些技术服务供给主体包含行业协会、涉农企业和科研机构。

澳大利亚的行业协会数量很多，有按照地域构建的，也有按照行业进行构建的，行业协会之间互动频繁，形成了多层次、多行业交互纵横的组织体系。作为一种涉农机构，它们对农业经营过程中存在的问题和农业技术供需状况都了如指掌，再加上与政府部门、研发机构和其他农业经营主体保持密切联系，使之具有权威性的评估判断能力和感召带动力。在行业协会的运行机制中存在一条技术需求信息的反馈路径，凭借其在农业技术推广体系中承上启下的特殊地位，行业协会能够掌握丰富的技术需求信息，并通过互联网、可视电话等现代化工具和网络式组织体系将这些信息快速传递到科研教育机构，并在最短的时间内寻求解决方案。

五、高素质的农业技术推广队伍

美国早在 20 世纪 70 年代，州级推广人员 53.7% 有博士学位，37.3% 有硕士学位，9% 有学士学位；县级推广人员 1.3% 有博士学位，43.3% 有硕士学位，55.4% 有学士学位。目前，美国对县推广站人员要求硕士学位以上，与我国对推广人员规定的应具有中专水平相比，要求的文化水平要高得多。

农业发达国家在农业技术推广人才队伍建设方面，可归纳为以下 3 个特点：一是提高农业技术人员知识水平的平台和途径众多；二是针对农民的农业科学技术教育培训得到高度的重视；三是农业科学技术推广工作人员被给予较高的福利待遇及社会地位。美国在拥有完善的农业技术推广组织体系的同时，还具备高素质、高学历、经验丰富的农业技术推广服务队伍。日本的专业改良推广普及工作人员及技术工作人员，不仅需要符合国家明确规定的学历标准，还必须通过国家或地方举办的专业考试，并且只有具备若干年从事农业试验研究、教学工作或技术推广的实践经验的人才能成为专业技术员。

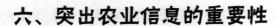

六、突出农业信息的重要性

加拿大农业推广机构在 20 世纪 90 年代就已形成全国性的电脑信息网络，通过卫星传送与美国的信息高速公路计划连接起来，已入网的农户可以随时获得 10 分钟之前的国际农产品市场最新信息；在不同地区，农业推广机构与农户之间还建立了电子邮件传递系统，迅速传递农业技术资料。

值得一提的是，虽然不同国家的农业技术推广体系都有其成功之处，但由于国情不同，在改进我国农业技术推广体系时既不能故步自封，又不能完全照搬外国模式，应在充分考虑国情前提下借鉴经验，逐步完善我国的农业技术推广体系。

农业发达国家普遍比较重视对现代化农业技术推广手段的利用。美国自 20 世纪 70 年代初便开始着手建立农业技术信息数据库，并在农业技术服务体系中得到广泛应用，同时在各州建立有线或无线电视台，按期定时向广大农户传授农业先进技术知识与前沿资讯。农业发达国家的技术推广组织机构对现代化的互联网电脑设备及交通通信工具高度重视。通过广泛高效地应用现代化信息资讯及技术成果，联合政府部门、民间企业、农民协会、高等院校等组织机构共同参与，建立了多层次、多元化的现代化农业信息服务体系格局。法国农业信息服务同样具有多元化的特征，这些多元化的服务主体包括行业组织和专业技术协会、农产品生产合作社和互助社、农业部门等企业、政府组织机构。各企业、政府组织机构拥有独立的农业网络信息系统，在农技推广中作用显著。

第五章 国内相关地区农业推广服务模式的经验与借鉴

第一节 农业科技入户工程的经验 ——以湖南省长沙县为例

一、建设示范基地，营造良好的技术传播氛围

积极调动或者动员农户和吸引他们广泛地参与农业科技传播，让农业科技能够顺畅地传入千家万户，营造一种良好的技术传播氛围显得必不可少。长沙县建立农业科技入户示范基地，并与各基地签订了科技传播示范合同；按照合同第一年的实施情况，从示范品种与技术、农民培训和观摩等许多方面与基地签订合同，按一年来的实际情况作出一定的修改，着重强调农民自身在农业科技入户工程实施中的作用，各个农业科技示范基地都按照合同的要求，认真扎实地开展科技推广试验工作，通过两年的建设，各农业科技入户传播示范基地都有了一定的规模。

"十三五"期间，长沙县共选派科技特派员504名，规模居全省第一；五年内年均开展科技活动近300次，每年推广新技术、引进新品种近200项，经济社会效益显著。目前全县拥有市级现代农业高科技产业化基地1家、市级以上特色产业科技示范基地38家、星火科技12396长沙科技助农直通车服务示范站30家，有力支撑了脱贫攻坚和农村振兴。

二、完善科技传播者管理，开展多样化的技术指导

长沙县当前共计有 100 名农业科技指导员，由县、乡农技传播人员和支农大学生组成，他们以乡镇农技站为主要根据地，每个指导员约联系 10 户科技示范户，并制定了《长沙县农业（种植业）技术指导员管理办法》（以下简称《办法》），以完善农业科技传播指导人员的管理。经过两年的试行，各指导员按照该《办法》之规定，以各种形式，陆续开展了形式多样的技术指导和技术示范，还有些指导员在下基层时组织召开了示范户联合会议，让其所指导的示范户能够在信息与技术层面上相互学习、取长补短；有的指导员自掏经费，请专家和高级技术人员对示范户集中授课，或者请他们直接深入到户、到田间进行近距离指导，让科技入户更加直接可靠；还有的指导员利用现有的"农民田间学校""农民夜校"等对示范户作技术教育，进行现场讲解与指导，组织示范户集中学习。如盛律勇和金矿指导员在干杉乡新建村开办了湖南省第一间"农民田间学校"，为农户们集中授课，组织技能培训等；有的指导员则根据自身专业特点，从自己专业的角度为示范户们解决技术等问题，为他们排忧解难，农业科技推广中心农业环境保护站站长戴金鹏，从示范户农田区域自取土壤进行测土配方送检，对所取土样中镉、汞、砷、铅、铬等 9 项环境因子作了严格的检测，结果表明，所取土样的该片农田保护得较好，测值均在土壤环境二级标准之下，这个结果让示范户闻之高兴。

同时，他们还对产地环境和产品认证等环节提出建议，让示范户充分利用好土壤环境的优势，结合技术指导和良品选择，打造品牌农产品。大多数指导员则根据农事季节脚踏实地地对示范户进行技术指导和技术传播推广。对于指导员的管理，则遵照《长沙县农业（种植业）技术指导员管理办法》，对指导员和示范户的管理是长期的管理，而不是定期或者抽取时间点的管理，每年对每名指导员所指导的示范户电话抽查至少 3 户以上，同时经常进行不定期的走访，通过抽查和走访，对指导员进行考核；也通过抽查和实地走访，及时发现典型，并予以推介与宣传。

三、加大农业科技传播者及示范户的培训力度

在长沙县农业科技入户示范工程的实施过程中，农业技术指导员在完成领导小组指派的各项工作之余还积极探索，从多元化的角度去思考农业技术指导方

式，创新技术推广与传播新路径。他们抓住一个重点，即农民需要掌握但又未掌握，需要熟知却未熟知的技术，利用现代传媒技术，与农村的实际情况紧密结合，根据农事季节，利用农闲空余时间，采取理论培训，结合现场操作，使集中培训与分散传播相结合，利用广播、电视、电话、网络等媒体及DVD、投影仪等现代设备组织农民技术培训，开展系列传播活动，如"科普赶集""送科技下乡""制作电视传媒专题节目""技术咨询"等多元化技术指导，对他们进行农业科技培训，建设独立的农业科技传播网站，充分利用网站的农情热线、网上农校等，在网上发布农产品供求信息、农业科技超市，开展农业知识网络专题讲座，在网上对当前农事作详细介绍，极力引导与推荐新优品种等，设置丰富多样的栏目，为农业科技示范户及周边农户提供各种信息，解决技术难题，传播技术与信息；采用科技下乡咨询服务手段，与示范户面对面进行技术交流，指导他们合理种养，优质种养，高效种养；采取向示范户发放相关技术资料和田间现场培训等将农业科技知识传播入户。

四、充分利用信息平台，完善技术传播服务

长沙县启用科技示范户信息发布手机短信平台，迄今为止，利用手机短信等方式已发布农业技术指导信息3万余条，覆盖科技示范户及技术指导员3 000余人。同时在长沙县农业科技入户示范工程实施中，农业科技指导员积极完成各项工作，完善技术传播服务，如建立农业科技传播人员联系卡、组织技术交流活动、农民科技信息传播专栏等。

（一）农业科技传播人员联系卡

在长沙县农业科技入户工作中，全县农业技术传播人员始终不断地探索如何做好农业科技传播工作、如何提高技术服务水平等。为方便示范户与农业科技传播员联系，及时帮助示范户解决生产生活难题，长沙县农业科技入户示范工程建立了农业传播人员联系卡制度。联系卡正面是农业科技传播人员的姓名、联系电话、技术职称、所属单位、负责联络科技示范村等，反面是农业科技传播人员的业务指导范围，每个示范户手中和各村党支部书记、主任等均持有一张联系卡。农业科技传播人员联系卡制度不仅大大提高了科技入户工作的效率，同时还使农业科技传播员的技术指导与服务质量得到了切实提高，并且给示范户和农户带来了很多方便。

（二）组织技术交流活动

为了探索农业科技传播入户的新方式，加强各示范户、传播人员之间的技术交流和学习，加强和巩固农业科技入户的效果，在科技入户示范工程实施中，长沙县农业科技入户工程领导小组还时常开展农业科技传播员交流会，科技示范户座谈会，农业科技专家上门走访，电话、短信交流，农民、农业科技示范户现场观摩活动等，形式多样的交流互推活动。定期组织农业科技传播员之间、示范户与科技传播员、示范户与示范户间的业绩交心与交谈会。

通过组织农业科技传播员之间的业绩交流会，克服技术难题，学习和借鉴他人先进的经验和科技入户工作好方法等；农业科技传播员定期组织与示范户的交心会和示范户与示范户间的交心会，同时还组织种养散户参加旁听或直接交流。通过交心会，示范户能够更加及时和准确地发现种养中存在的问题，或者是种养品种间的优劣，或者是需要改进的种养技术和措施等；农业科技传播员能及时了解并指正他们生产中的疑难杂症，掌握他们种养的实际情况，在指导的同时聆听他们的心声，以便开展切实有效的技术培训和技术指导，同时，农业科技传播员还能够更加了解自己在技术指导与传播上存在的不足，以便及时地更新知识、补充学习；同样的，农业科技示范户和农业散户还可以向农业科技传播员提出一些意见和建议。交心会一方面为示范户相互间的学习和交流提供了平台，创造了环境；另一方面还对周边农业散户的种养信心、科技观念、种养技术和种养模式等起到了引导示范作用，使农业科技入户工作的目标更加易于实现，也使农业科技入户传播的路径更加便捷。

（三）农民科技信息传播专栏

长沙县充分利用县农业信息网站的资源优势，极大地发挥网上"农情热线"、"科技超市""网上农校"等科技传播的作用，与传媒中心办好《农技专栏》；与电视台办好《大地春色》专题种养技术讲解节目；与"星沙之声"办好《专题技术和农事要点》讲座栏目；充分利用农民信箱收集农民的农业科技需求资讯，通过农民信箱及时发布自然灾害情报、天气情况，及时向示范户发送病虫情报、农业技术操作要点，发布相关产品的市场情况与供求信息，对那些未注册农民信箱的示范户，由负责与他们联络的农业科技传播员通过入户或电话等方式将相关灾害性天气防范措施、农事要点、病虫防治等及时向他们作出提示和指导。

第二节 农业科技专家大院服务模式的经验

农业科技专家大院是农业科技推广过程中的一个重要探索。其中西北农林科技大学的"专家大院"和南京农业大学的"百名教授科教兴百村小康工程"成果较为显著。

一、西北农林科技大学模式

西北农林科技大学"专家大院"模式的特色是以市场为导向,以谁主办、谁管理、谁受益为原则,实行有偿服务和无偿服务兼顾,技术入股、利润提成、多元投资相结合的技术服务模式。目前,西北农林科技大学在陕西已经建立了 37 个专家大院,并在实践中摸索出几种有效的技术服务方式,其主要做法包括:

一是采取"专家 + 龙头企业 + 农户"方式,推动农业科技产业化。如西北农林科技大学以宝鸡市龙头企业为依托,围绕山羊养殖和奶牛高产进行动物新品种的培育,并将成熟的技术通过专家讲座和培训班的形式介绍给农户和农业企业家,使科技成果真正转化为生产力,从而开发市场广阔的农业产业,促进科技成果转化落地。

二是采取"专家 + 技术推广机构 + 农户"方式,提升农民技术采用率。针对辣椒、小麦育种以及设施农业开展的需求,建立实验基地、示范园区,由专家采取田间指导、开设培训班、发放宣传资料等方式进行农业新技术的宣传,促进农业科技成果的转化落地,提高农民收入。

三是采取"专家 + 科技企业 + 农户"方式,促进农业科技成果的快速转化。以柿子、烟草等经济作物作为载体,通过专家大院的技术服务和涉农企业的有偿服务,如建立技术咨询站、良种供应点等开展先进栽培技术(病虫害防治、施肥结构等)、优良品种的推广工作。

四是采取"专家 + 中介组织 + 农户"方式,降低农民技术采用成本。以蔬菜、瓜果等优势产业为研究载体,让专家为农户就农作物种植过程中遇到的科技问题出谋划策。设立专门的产品集散市场,建立农户和市场间的长期合作关系,降低农产品运输和交易成本。

五是采取"专家＋科技示范园"方式，促进农业技术成果的集成应用。通过建立科技示范园区的方式优化建设畜禽养殖等大规模项目，专家是科技示范园的负责人，具体负责科技示范园区总体规划、具体项目设计等。通过这种方式，能更好地集成整合农业产业发展中所需要的种业技术成果，促进先进农业科技成果的集成转化和示范应用。

二、南京农业大学模式

2003 年 3 月，南京农业大学、江苏省海洋水产研究所联合中国农业科学院蚕业研究所与连云港市委、市政府开展"百名教授科教兴百村小康工程"，107 名专家教授为相应村组织提供科技经济发展指导，并且为了确保"百名教授科教兴百村小康工程"的顺利展开，南京农业大学采取了如下具体措施：

一是建立健全组织体系，制定鼓励政策。南京农业大学成立领导小组，负责人由主管副校长担任，并成立专家顾问团，全面组织、协调领导小组展开活动，建立科教兴农网站，举办教授和农民面对面活动，直接为农户答疑解惑。对在"百名教授科教兴百村小康工程"中表现出色的师生进行表彰和物质奖励。

二是实现县校、乡校、村校联姻，开展示范、培训等工作。选取学校不同专业中理论基础扎实、实践经验丰富和具有专业特长的科技推广专家组成团队，担任村经济顾问，将学校的科技成果对农民进行培训并推广。

三是培育特色产业，实化工作内容。以市场为引导，根据当地的特色对示范村的人文和自然资源等进行综合评价，发展主导产业。以"人无我有，人有我优"为原则，建立独特的产业化发展格局。

四是增收先增智，兴村先兴人。通过先培训"百名教授科教兴百村小康工程"的带头人，起带头示范作用；再培训返乡学生和青年，起衔接作用；最后培训广大农村的农民"三步走"的方式提高农民的科技素质，使其掌握先进的科技知识以适应现代化农业的发展，通过兴人进一步兴村，通过增智带动增收。

从近几年农业科技专家大院运行的效果来看，农业科技专家大院模式自身和该模式传统的管理制度之间存在着很多不协调的方面，但农业科技专家大院模式的纵向管理和集中分配等设计值得借鉴和推广。

第一，打破纵向管理体制壁垒，优化农业科技推广资源的横向配置。以纵向管理为基础，以农业科技专家大院为依托，以实现优化农业技术推广资源横向配置为目标，将多元化来源的经费捆绑使用，借助大学专家和推广机构的力量提高科技推广效率和科技成果的使用效果。

第二，结合科学研究与生产实际问题，实现科技供需有机结合。在田间大课堂中，农民可以学到现实可行的知识和技能，并快速投入生产，借助农业科技专家大院的中间平台将农民在实际生产中遇到的技术问题，真正融入科技立项和课题研究中。以市场为导向，提高农民技术能力为目标，进一步提高农业科技成果转化的效率与速度。

第三，创新农业推广人才培养新机制。在农业科技专家大院建设过程中，引进外部专家的同时，重视内部人才的培养，内外专家有机结合，激发各自潜能，形成高效配合、权责明确的创新型农业科技人才梯次结构。

第四，创新农业科技推广投资机制。政府对农技服务体系进行专项经费拨款，一方面增加了政府的负担，另一方面有限的资金制约了农业科技的推广。

第三节　国内农业推广服务模式的评价

一、"院县共建"服务模式服务效果评价

"院县共建"模式是一种典型的"政府＋农业科研与教育机构"的农业技术服务模式，其做法是：由政府出面，利用农业科学院的科技优势与经济落后的县（市、区）结成帮扶对子，共同建设。与其他模式比较，具有以下优势：一是政府在这过程中发挥着重要的作用；二是整合了各种基层农技资源；三是政策力度比较大。缺点在于行政色彩比较浓厚，受政府政策和官员个人意志影响比较大。与其他模式相比较，难以形成一种比较有活力的氛围。

二、"专家大院"服务模式服务效果评价

"专家大院"是在农产品集中产区由政府牵头、专家负责、企业参与的新型农业科技服务模式，以科技共建为主要目标。其特点是可以采用多种形式的合作，将大学和科研院所的专家联合起来进行农业生产活动。这种模式的优点在于：农业科技专家大院模式的纵向管理和集中分配等设计值得借鉴和推广，主要表现在：一是农技推广资源从横向得到了合理的配置，从而提高了推广效率；二是专家和农民进行面对面的交流，从而使得技术推广更直观和深入；三是减少了中间

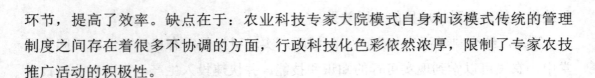

环节，提高了效率。缺点在于：农业科技专家大院模式自身和该模式传统的管理制度之间存在着很多不协调的方面，行政科技化色彩依然浓厚，限制了专家农技推广活动的积极性。

1. 以主导产业为主线，具有纵向跨区域的特点

大学推广模式重点抓的是对农村地方经济具有显著带动、引领和影响的农业主导产业，是从产业纵深的发展着眼，利用大学多学科的优势，在主导产业链的各个关键环节上进行技术集成和示范推广。它是跨区域性的产业发展服务模式，解决的是主导产业发展的瓶颈问题。

2. 国家农业科技推广体系的补充和完善

大学推广模式围绕区域的主导产业服务，它与按行政区域设置的现有推广体系相比，是线与面的关系，是纵向与横向的关系。它是抓重点、抓主导产业，不具有面面俱到的特点，因而是国家农业科技推广体系的补充、完善和强化。大学推广模式与政府的五级推广体系在职能上是相辅相成的关系，任务上是重点层面与整体层面结合的关系，工作上是协同发展的关系，能及时、有效地补充基层的推广体系的不足。

3. 促成技术创新与技术推广主体紧密结合

首先，大学开展农业科技推广是大学获取第一手农业生产实践问题的窗口，通过这个窗口大学架起了问需于农民、问需于农业、问需于基层的直通道，大学的研究问题更符合农民、农村和农业的需要。其次，大学的科研成果转化和技术入户更加简捷。如果说常规的政府农业科技推广体系是遍布全国各地的"公路网"或"铁路网"的话，大学的科技推广模式则是架起了科技与产业、技术与农民的"高速铁路"，是农业科技成果推广的直通车。

4. 有平台、有载体保障的常态化科技推广模式

不同于大学过去分散、被动式、零散的推广活动，大学推广模式在大学本部建有产业基础研究平台，在产业核心地带建有区域试验站，在产区建有各类分布式科技示范基地（站、点），同时在大学建有一套服务产业的体制机制保障，能够集中全校各学科资源，进行长久性、常态化的科技推广服务。大学农业科技推广活动已经纳入大学的职能范围，成为一项服务社会的制度。

5. 以公益性服务为主

大学农业科技推广聚焦的是惠及面广、影响性大、效益显著的主导产业，提供的产品和服务不是"排他性"的，具有公共产品属性。首先，农民、涉农企业、农民专业合作组织使用大学提供的科技服务和产品，渠道畅通无障碍，没有门槛，农业科技服务体现了公益性质。其次，大学所建的试验站是国家公益性农业技术推广的有机组成部分，是非营利性的试验站，试验站长期的试验研究积累以及数据资源可以共享。所以，以大学为依托的农业科技推广服务和运行是以公共资金投入为主，只有各方面的支持和支撑，这一模式才能制度化、常态化运作。

6. 大学推广模式是产学研、农科教紧密结合的立体化体系

大学推广模式是产学研、农科教紧密结合，是科学研究、人才培养、科技推广"三位一体"的复合系统。大学的区域性试验站不仅是研究与农业生产结合的平台和纽带，也是建在农民家门口的"示范田"、农业信息的"采集源和辐射源"，更是大学教学实训的场所、科技人员的"露天实验室"、人才培养的"野外实践基地"。这种纵横交错的立体化结构，确保了大学扎扎实实地履行大学的三项职能，体现出产学研之间的相互影响、相互促进的互动机制。

三、"农业综合开发"服务模式服务效果评价

"农业综合开发"主要采取全面调查、示范推广、组织培训和咨询服务等形式开展，是一种综合性的农业技术服务模式。这种模式的优点在于：一是构建起来了一套成型的、立体的人才培养和培训体系；二是制订了一系列的科技推广奖励办法，规范了科技推广的行为；三是走公司化、合作化道路，调动了社会参与的积极性。缺点在于：综合开发模式立足于农村综合的发展，对于专业技术的专注度不够。

1. 发挥了国家推广体系主力军的作用

科技入户工程是以政府投入为主导，发挥政府科技推广网络主力军的作用。在试点的每一个县，都由县农业局、农业技术推广站以及乡农业技术推广站联合实施。政府的"行政权力"和公共部门的"法定权力"得到充分的体现，覆盖面积大，上下一体化的优势明显表现出来。

2. 整合了地方的科技力量，是多部门合作的典范

科技入户工程依托了国家的农业推广体系，但也把科研单位中的科技专家、

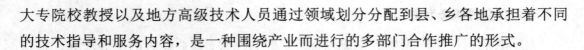

大专院校教授以及地方高级技术人员通过领域划分分配到县、乡各地承担着不同的技术指导和服务内容，是一种围绕产业而进行的多部门合作推广的形式。

3. 建立了一种新的机制

科技入户工程建立的新机制有效解决了农业科技推广"推什么，怎么推，由谁推"的问题，起到"四两拨千斤"的作用，有效地促进形成新型的农技推广机制。这种机制在一定程度上减少了过去只关注"技术"而忽视"技术接受者"，只见"树木"不见"森林"的盲目性。同时，政府推广体系与其他部门的合作，也体现一种政府推动下的合作机制的形成。

四、"新农村发展研究院"服务模式服务效果评价

"新农村发展研究院"借鉴美国赠地学院模式，是一种综合性的、新型的农业推广服务模式，在实践过程中，取得了很好的效果。其优势在于：一是行政领导直接挂职，保证了农技推广服务的力度；二是能够整合全校的资源进行农技服务；三是将前述多种形式进行了一种整合，保证了农技推广的多样性和具体性。缺点在于：需要花费大量的行政成本和经费，增加了部门负担，行政化色彩依然浓厚，市场活力不足。

龙头企业有强大的"引领"作用，有力推进了行业标准化的实施。河南省长葛市在农业标准化实施和推进过程中，龙头企业发挥着显著的引领和带动作用。众品集团作为地方和区域龙头企业，在打造产品品牌过程中，始终贯彻标准化理念，推行产业链式农业标准化实施模式，确保产品从土地到餐桌的安全放心。这种超前和卓越的标准化理念在地方起到了引领和带动作用。作为政府农业标准化实施的部门，农业局和技术质量监督局都努力保驾护航，共同推进农业标准化向深度和广度拓展。在调研座谈中，两部门的技术人员和负责人都有这样一个共识：单纯靠农业部门和质量监督部门的推动，没有龙头企业的带动甚至引领，农业标准化实行起来困难很大。只有以龙头企业为依托，标准化工作才有可能落实到位。因为只有企业才能把标准化转化为效益，带动的农户才能看见标准化实施给自己带来的效益。

所以龙头企业就是一个平台，给不同的部门提供了合作的场地和发挥职能的空间。地方的农业部门感慨地说道："没有企业带动，我们地方抓农业标准化没有一个抓手，更不用说深刻领会标准化的含义了。"

龙头企业可以做好产业链主，以自身资源撬动社会资源。一家企业不在于自己拥有多少，而在于能调度多少，企业要善于启动和调度社会资源。众品集团一个重要的发展战略目标就是"在打造完整产业链的过程中起到牵头作用"，做供应链的"链主"，带动社会资源的集聚。

面临生猪价格上涨造成的行业大洗牌的形势，众品集团联合正大集团建设现代化养殖场。通过这种合作，正大集团的产业链从饲料向下游延伸，而众品集团的产业链从屠宰加工向上游延伸。目前，众品集团已建立了年出栏100万头生猪的多个优质生猪生产基地。众品集团在省外的生产基地也一改自我投资建厂、自我经营的传统模式，开始尝试由别人投资建厂、众品集团租赁经营的模式，比如天津众品集团。这种方式投资少、见效快，不用进行大量的硬件输出，只需要进行高质量的软件输出。可以说，围绕一个产业链条，凝聚了多方的力量，兴盛了一方经济，造福了一方百姓。

卓越的企业文化理念成就卓越的品牌。众品集团的成功蕴含着一个道理：要形成一个品牌，必须要有良好的思维品质。事实上，众品集团的成功正是得益于其学习、创新、开放和合作的企业文化理念。"杯子和盘子"的理论是众品集团文化的精髓。盘子的直径很大，但它的底很浅，盛不了多少水；而杯子虽然看起来不大，可它的容积要比盘子大多了。可以把中国市场比成一个盘子，大城市和发达地区市场就是杯子，众品集团要想"喝到水"，用"盘子"就不如用"杯子"。为此，众品集团提出了"立足大中原，做透大中原，整合全国资源"的发展理念，变"追随者"为"先行者"；坚持"中心城市论"与"农村包围城市"并举；在全国各地"克隆"建厂，迅速实现规模扩张和产能释放，占领市场制高点。"众品"二字取之于古茶经——"独品得神，对品得趣，众品得慧"，寓意众品集团开放的资源整合理念——不在于拥有多少，而在于能整合多少。"众品"二字很好地阐释了众品集团企业的文化。

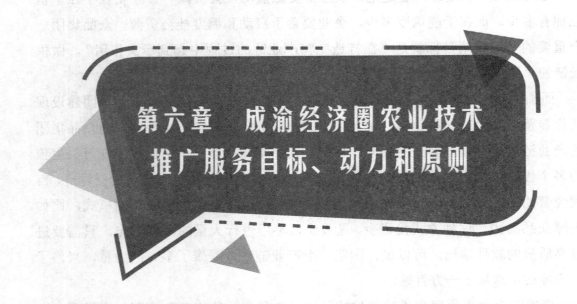

第六章 成渝经济圈农业技术推广服务目标、动力和原则

第一节 成渝经济圈对农业技术推广服务的需求

一、成渝经济圈农业的历史性地位

成渝地区境内兼具平原、盆地、丘陵、山地等多种地形，造就了该地区资源物产的多样性，除粮食作物外，境内桑蚕茧、茶叶、麻类、油料、中药材等经济作物品类繁多、特色鲜明，自西汉时期就赢得了"天府之国"的美誉，在历朝历代中发挥着调剂全国区域间粮食余缺的重要职能，也是各朝代培植财源的重要基地。改革开放以来，成渝地区农业基础性地位始终稳固。立足新发展阶段、贯彻新发展理念、融入新发展格局，建设成渝现代高效特色农业带，推动成渝地区农业农村现代化，为成渝地区加快形成高质量发展的重要增长极提供强有力的支撑，有助于全国形成更加强大的战略后方。

成渝地区是中华农耕文明的发源地之一，区域总耕地 1.36 亿亩，占全国耕地总面积的 6.7%，耕地复种指数较高，形成了夏、秋、晚秋一年三季的耕作制度，粮食、油料、蔬菜、柑橘、茶叶播种面积分别占全国的 7.1%、14.1%、10.3%、20.9%、14.0%，猪、牛、羊肉产量分别为 613.4 万吨、41.7 万吨、33.1 万吨，水产养殖面积占全国淡水养殖总面积的 5.3%，养活了全国 8.2% 的人口，是西部地区农业生产条件最优、集中连片规模最大的区域之一，素有"粮猪安天下"的说法。四川、重庆地理相邻，自然生态条件相似，民风民俗相通，主导产业相近，区域内粮油、柑橘、柠檬、蔬菜、茶叶、中药材、调味品、现代畜牧、生态渔业、农村休闲旅游农业产业集群已具雏形，现代山地特色高效农业发展已初具规模，十大特色产业链基本成型，重点龙头企业快速成长，农业科技长足进步。

二、成渝经济圈农业发展的优势

农业产业结构调整成效显著，产业内部协调性增强。成渝地区农业产业结构不断优化调整，以粮食生产为主的种植业朝着多种经营和农林牧渔业全面发展转变。从产值构成来看，该地区林业和渔业比重趋于提升。农业社会化服务水平明显增强。同时，依托境内特色山地、丘陵资源禀赋，成渝地区大力推动山地资源开发，积极促进资源优势、生态优势转化为产业优势和经济优势，区域农业综合效益和市场竞争力显著提升。

农业物资技术装备水平显著提升，农业基础不断夯实。成渝地区工业化与城镇化快速发展，吸纳了农村大量富余劳动力，为促进农业物资技术装备水平创造了有利条件。一是区域农田水利条件明显改善，抵御自然灾害能力显著增强。二是工业化、城镇化发展促使农民非农就业契机大量增加，为农业机械化腾出了较大发展空间。三是农业科技创新能力显著提升，科技支农作用日趋增强。

成渝地区汇聚了大量农业院校和科研机构，该地区作物学、生物学等已纳入"世界一流学科"建设，生物育种、农业遥感和信息化等领域也不断取得新突破，农业技术推广体系日臻完善，为成渝地区农业跨越式发展提供了重要的科技支撑。农业多功能不断拓展和延伸，农村一、二、三产业加速融合。成渝地区地形复杂多样、旅游资源丰富，具有源远流长的巴蜀文化，农村一、二、三产业融合发展具备有利条件和独特优势。随着农业供给侧结构性改革的深入推动，成渝地区农村新业态、新模式不断涌现，农业"新六产"的框架布局基本形成。境内多地基于地方自然景观、特色产业、地域文化、生态环境和经济水平，实行了差异化农业产业融合策略，推动形成了农村民宿、休闲农庄、观光农业园区、康养基地等形式多样、功能多元、特色各异的产品类型和发展模式，农村产业从单一生产功能朝着休闲、旅游、养生、教育、文化等多功能一体化转变。成渝地区休闲农业和农村旅游业综合经营性收入达到 2 200 亿元，休闲农业在全国独树一帜，产业规模效益继续领跑全国。

农产品对外贸易增长显著，农业对外开放格局初见成效。成渝地区地处我国西南地区东西结合、南北交会处，是"一带一路"和长江经济带联结点，是我国南向、西向开放的门户，是西部陆海新通道的起点。目前，成渝地区正以前所未有的积极主动姿态融入国际市场，农业对外开放的广度与深度也随之日益拓展。该地区统筹利用国内外两个市场、两种资源的能力在扩大农业对外开放中迅速提高，农产品进出口贸易大幅度增长。随着中欧班列（成渝）的正式开通，成渝地区农业"引进来"与"走出去"将呈现出愈加良好的发展态势，将进一步强化与"一带一路"沿线国家和地区在种质资源、技术、农产品、农机装备等方面的优势互补，推动国内外农业市场进一步有机衔接。

不断丰富全国农村改革内涵，创新提升改革发展成效。党的十八大以来，成渝地区紧扣农业供给侧结构性改革主线，多举措深化农村土地制度改革。四川与重庆基本完成了集体土地所有权、集体建设用地使用权、宅基地使用权确权任务，成渝地区承包耕地流转率达到 39.24%，超出了全国 33.83% 的平均水平。探索出"农业共营制""合作联社 + 农业大户""土地信招""一社三部""大集群 + 小单元"等一批适合平原地区与丘陵山地农业适度规模经营的经验模式，推动传统小农户分散经营朝着集约化、专业化、组织化和社会化相结合的现代新型农业经营体系转变，并为全国多地农村土地改革模式和农业生产经营模式的创新发展提供了诸多实践依据。

三、成渝经济圈对农业技术服务的主要需求

建立服务产业链的专家团队体系。围绕成渝地区农业的优势产业，建立服务每个产业全产业链的专家团队，所有的专家团队形成一个覆盖全市优势产业链的专家团队体系。通过"专家 + 平台 + 企业 / 合作社 / 农户"的形式，对每个产业提供包括产前规划、产中指导、产后营销的全产业链服务。针对每个优势产业组建一支涵盖经济、农学、信息、文创等多专业的专家团队，对产业链各环节都能提供专业优质且成体系的科技服务。

设置农业科技创新服务站。在成渝地区的农业产业功能区、农业科技园区、农业龙头企业或组织化程度较高、科技服务能力较强的农民合作社、农村专业技术协会、家庭农场等机构或主体，以科研成果转化与推广、新技术引进集成、标准制定、技术培训等科技创新服务为主要任务，建立辐射一定区域范围的科技创新服务站。依托站点，促进农业科技成果推广与转化，开展农业科技政策宣传，提升科技特派员综合服务，推动农业科技服务信息化建设，完善新型农业产业技术服

务体系构建。

优化科技特派员激励制度。围绕两地县（市、区）科技特派员服务团，优化激励制度，建立健全科技特派员工作机制和考核办法，特派员在所在单位年度考核、职称评聘、职务晋升等中优先考虑。各级科技主管部门应对辖区内服务成效突出的科技特派员服务团及科技特派员予以表彰表扬等，从而更好地促进科技特派员为县域优势特色产业提供技术服务，实地实际解决或协调解决产业发展技术问题，推动主导产业做大做强，助力成渝地区农村振兴。

拓宽农业科技服务资金来源。一是多渠道引入社会资金。增强省、市及地方政府对农业科技服务财政支出，完善农业科技创新引导支持政策，鼓励引导社会资本支持农业科技社会化服务。发展农业科技服务资金投入的多元化，积极鼓励并引导企业参与农业产业化程度较高、效益较为明显的项目，使企业注入资金资本。在保障服务体系公益性功能基础上，针对不同层级的产业，探索市场化运营模式，以发展"内生力"吸引创新型企业等社会资本参与其中，缓解政府在科技创新与服务上的财政压力。二是完善科技创新金融服务。拓展农业科技金融服务对象，将家庭农场、职业农民、农民专业合作社等新型经营主体纳入，针对各主体特性创新发展金融产品和服务，探索"银行＋担保＋财政补贴"等抵押贷款模式，缓解政府财政压力。

搭建农业科技服务信息化平台。一是发展以政府为主导的各类社会组织共同参与的农业科技服务主体结构。不断完善以政府为主导的农业科技服务模式，同时激发龙头企业、专业合作组织等各类社会组织在农业科技服务中的作用。适度引入社会资本为主的农业科技服务中介组织，将县（市、区）农业农村局等政府部门对接科技供需方职能逐步转移到各类中介组织，开展产业政策引导、科技需求信息收集、产业发展状况反馈、农产品市场需求等农业科技社会化服务。二是搭建农业科技服务信息化平台。通过构建科技服务信息化平台，打破县（市、区）农业科技服务独立运行管理局面，以平台为载体实现成渝地区间农业科技资源的整合聚集，使农业科技服务主体更符合市场经济的发展需求。

第二节　对成渝经济圈农业技术推广服务的基本判断

一、对农业技术的需求越来越大

川渝两地农业生产以市场需求为导向，大力调整产业结构，以粮食生产为主的种植业经济正朝着多种经营、特色经营和农林牧渔业全面发展转变。目前，川渝粮食产量稳定在 4 500 万吨以上，占全国的 6.9%。油料产量在 400 万吨以上，占全国的 12.4%。生猪出栏量常年保持在 8 000 万头以上，猪肉产量长期保持在 600 万吨以上。与此同时，川渝两地依托境内山地、丘陵资源禀赋，积极推动资源优势、生态优势转化为产业优势和经济优势，茶叶、柑橘、中药材、现代畜牧、特色经济林、渔业等优势特色产业蓬勃发展。

川渝两地把改善农业装备条件和提升农业科技水平作为着力重点，推动传统农业加速向现代农业转变。近十年来，川渝两地累计建成高标准农田 6 519 万亩，占耕地面积比重达 47.7% 以上。农田水利条件明显改善，农业抵御自然灾害能力显著增强。农业机械化水平快速提升，2020 年川渝两地农业机械化总动力达 6 252 万千瓦，农作物耕种收综合机械化率达到 38.3%。四川育种创新水平处于国内第一方阵，是全国最大的杂交水稻制种基地。重庆转基因蚕桑和转基因棉花研究走在世界前列，柑橘无病毒繁育位居全国第一。农业科技贡献率逐年提高，农业技术推广体系日臻完善，现代信息技术在农业生产经营领域广泛应用，为川渝农业跨越式发展提供了重要的科技支撑。

在农业供给侧结构性改革深入推动下，川渝两地农业与旅游、休闲、康养、教育、文化等产业加速融合，农村新业态、新模式不断涌现，农村"新六产"格局基本形成。农产品加工业提质增效态势明显，2020 年川渝两地农产品加工业产值与农业总产值比重达 1.5∶1。全年实现休闲农业和农村旅游业综合经营性收入 1 187 亿元，接待游客 5.3 亿人次以上，休闲农业规模效益继续领跑全国。"互联网＋"、大数据、物联网等现代信息技术加速向农业生产经营领域渗透，农村电子商务进入了快速发展轨道。

川渝两地农村面积占比达 86.5%，肩负着建设长江上游生态屏障和高品质生活宜居地的重任。近年来，川渝两地坚持走绿色发展之路，着力推进产业生态化和生态产业化。川渝两地单位播种面积化肥、农药施用量连续六年实现负增长，畜禽粪污资源化利用率达 75% 以上；农村卫生厕所普及率不断提高，90% 以上的行政村生活垃圾得到有效处理。已建成国家绿色食品原料标准化生产基地 921.75 万亩，"三品一标"农产品累计 10 062 个，农产品总体抽检合格率保持在 97% 以上。郫县豆瓣、涪陵榨菜、四川泡菜、安岳柠檬、奉节脐橙等农产品区域品牌价值居全国前列。

川渝两地农村综合改革全面深化，农村土地"三权分置"制度稳步推进。农村宅基地制度改革试点扩大到 8 个县（区）和 1 个地级市。全面推开农村集体产权制度改革试点。农村产权流转交易体系持续完善，成都、德阳、眉山、资阳实现交易一体化。重庆市有 9 个区、成都市有 8 个区被列入全国城乡融合发展试验区。川渝两地农业对外交流合作呈现出良好发展态势，2020 年川渝两地农产品进出口贸易额达 207.33 亿元，增速高于全国平均水平，中欧班列（成渝）累计开行突破 1.4 万列，列次占全国比重超 40%，运送的货物中，农产品占比达到 16%。累计建成国家级、省级出口食品质量安全示范区 28 个，出口食品农产品基地 656 个，农业境外投资合作涉及 27 个国家和地区。

二、对信息技术的依赖越来越高

21 世纪是信息技术时代，随着区域经济和经济全球化的发展，传统农技推广服务已不适应新阶段的要求。实际上，农业技术推广的实质就是传播信息，信息这一新的生产力要素开始在农村经济领域发挥重要作用。虽然全国已经初步形成了市、县、镇三级信息服务体系，但是还存在信息传递速度慢、信息服务手段落后、信息流通渠道不畅、空于形式等诸多问题。在知识经济时代，新技术信息、防虫害信息、销售信息等已经成为农户适应市场、把握市场的重要因素；随着农业种养大户、各类合作组织的不断涌现，农业组织化程度不断提高，而这些组织起来的农户对信息的需求将与日俱增，这就要求政府、企业等农业推广服务主体不断提高信息服务的能力。

积极争取国家在川渝地区布局建设国家农业高新技术产业示范区。支持成都、渝北、宜宾等作为培育园区创建国家农业高新技术产业示范区，推动培育园区加强合作交流，组织川渝地区科研院所、高等院校与园区开展科技对接，加快园区科教资源、主导产业集聚。推动内江、荣昌共建现代农业高新技术产业示范区，依托国家畜牧科技城，打造集智能养殖、疫病防控、基因技术、期货交易等为一体的具有全国影响力的畜牧技术研发中心，建设全国优质商品猪育种供种和战略保障基地、成渝特色优质农产品供给基地及丘陵山地地区一、二、三产业融合发展示范基地。

加强农业种质资源保护开发利用，建设国家级种质资源库和畜禽基因库。依托国内高校及科研院所资源，开展前沿性理论基础和应用基础研究，提升农业科技自主创新能力。建设长江上游种质创制重大科学基础设施，建设西南作物基因发掘与利用国家重点实验室、家蚕基因组生物学国家重点实验室、西南特色中药资源国家重点实验室、榨菜种质资源库、林竹种质资源库、家蚕种质资源库、蔬菜种质重庆芥菜库。加快推进邛崃天府现代种业园、三台县现代农业（生猪种业）产业园、西南特色种质资源库、四川省种质资源中心库、荣昌垫江现代农业种业产业园等重大项目建设。建设畜禽、林竹种业创新中心。支持成都、绵阳分别建设区域农作物和畜禽种业创新中心。支持大足区建设国家杂交水稻工程技术研究中心重庆分中心。支持自贡建设西南禽兔种业基地、宜宾建设竹产业创新示范基地。

三、多项重点工程同步展开

组建成渝地区双城经济圈农业科技创新联盟，整合科技资源实施协同攻关。加快成都国家现代农业产业科技创新中心及国家成都农业科技中心建设，支持中国农业大学、中国农业科学院和川渝两地涉农高校、科研院所共建西南农业科技产业城，打造都市现代农业产业科技高端要素聚集区。实施南方芥菜品种改良与栽培技术国家地方联合工程实验室科技创新能力提升工程，开展食、药用菌育种与栽培国家地方联合工程实验室创新能力建设，开展农业绿色发展技术协同攻关，推进川渝共建中国酱腌菜科技创新重点实验室和中国西部蚕业应用科技创新中心。联合国内高校及科研院所，加快构建双城联动农业科技创新合作机制，实现科技创新和农业转型深度融合。依托四川现代农业产业研究院（新津），创建中国农业大学西南农业创新中心。依托宜宾林竹产业研究院，创建成渝竹产业协同创新中心。

支持重庆荣昌、内江（隆昌）依托西南大学、四川农业大学、重庆市畜牧科学院、四川省畜牧科学院等科研院校，建设全国畜牧科技城及健康养殖技术创新中心，打造全国种猪育种高地、畜牧生物产业高地、畜牧高端产品开发高地。加快建设国家级生猪大数据中心，推进生猪大数据信息库共建共享，建设绵阳、内江、自贡、达州、黔江等区域分中心。研究设立科技成果转化引导基金，探索创新金融工具，打造中国生猪和禽苗交易服务中心。加快国家生猪技术创新中心建设，推进四川地区示范站建设。

依托西南大学丘陵山区农业装备重庆市重点实验室、国家成都农业科技中心和西华大学四川现代农业装备协同创新中心、四川省农业机械研究设计院，共建西南农业智能装备科技创新中心。围绕丘陵山地农机装备关键共性技术，联合川渝农机装备龙头企业，开展智能农机装备技术联合攻关和成果转化应用。实施农业机器人发展战略，研发适应性强、性价比高、智能决策的新一代农业机器人，建设西部农业人工智能技术创新中心。结合重庆山地宜机化改造工作经验，协同开展丘陵山地适度规模经营的农业机械化生产模式研究，共同打造"川渝制造"智能农机装备品牌。支持现代农业园区率先推进全程全面机械化示范区建设。

第三节 成渝经济圈农业技术推广服务的目标

一、服务于"构建'一轴三带四区'空间格局"

"一轴"：建设成渝主轴现代高效特色农业一体化发展示范区。统筹优化布局优质粮油、健康养殖、绿色果蔬等产业集群，建设国家农业高新技术产业示范区、国家畜牧科技城及健康养殖技术创新中心和中药材、柠檬等农产品集散交易服务中心，范围包括遂宁、资阳、内江、潼南、大足、荣昌等。

"三带"：一是沿长江现代高效特色农业绿色发展示范带。统筹布局粮油、泡（榨）菜、晚熟柑橘、渔业、名优茶等优势特色产业，建设国家现代粮油产业园区、全球泡（榨）菜出口基地、晚熟柑橘产业集群、名优茶产业带，范围包括雅安、眉山、乐山、宜宾、泸州、江津、长寿、涪陵、丰都、忠县、黔江等。二是沿嘉陵江现代高效特色农业转型发展示范带。统筹布局粮油、生猪、柑橘、蚕桑、中药材等优势特色产业，建设柑橘产业带、蚕桑产业带、中法农业科技园、川东（广安）农产品集散中心，范围包括南充、广安、合川、北碚等。三是渝遂绵现代高效特色农业高质量发展示范带。统筹布局粮油、生猪、蔬菜、柠檬、蚕桑等优势特色产业，建设沿琼江涪江绿色蔬菜产业带、川渝菜都、畜禽种业创新基地、成渝（遂潼）合作农产品加工物流园区，范围包括铜梁、潼南、遂宁、绵阳等。

"四区"：一是重庆主城都市区都市现代高效特色农业示范区。统筹布局果蔬、调味品、茶叶、中药材、畜禽等优势特色产业，建设长江上游地区农业金融服务中心、农产品物流中心、农业科技创新中心，范围包括大渡口、江北、沙坪坝、九龙坡、南岸、北碚、渝北、巴南、涪陵、长寿、江津、合川、永川、南川、黔江、大足、璧山、铜梁、潼南、荣昌等。二是成德眉资都市现代高效特色农业示范区。统筹布局粮油、畜禽、果蔬等重要农产品保供基地，建设西南特色作物种质资源库、成都国家现代农业产业科技创新中心，范围包括成都、德阳、眉山、资阳等。三是渝东北川东北现代农业统筹发展示范区。统筹布局优质粮油、果蔬、茶叶、中药材、健康养殖等优势特色产业，建设糯稻产业融合发展示范园区、国家生猪市场达州分市场、柚子生产基地、万达开数字农村平台，范围包括万州、开州、云阳、垫江、梁平、达州、南充、广安等。四是川南渝西现代农业融合发展示范区。统筹布局优质水稻、酿酒专用粮、早春蔬菜、特色水果、早茶、花椒等优势特色产业，建设优质渔业产业集群、早春蔬菜产业带、血橙出口示范基地、西南丘陵山地现代农业智能装备技术创新中心、内江国际智慧农产品集配交易服务中心，范围包括自贡、泸州、内江、宜宾、江津、永川、荣昌等。辐射带动川渝两地全域现代农业加快发展。强化成渝现代高效特色农业带对重庆市、四川省其他地区农业特色产业的引领带动，引导秦巴山区、武陵山区、乌蒙山区、涉藏州县、大小凉山等周边欠发达地区强化生态环境保护，切实巩固提升脱贫攻坚成果，接续推进农村振兴。

二、促进成渝地区现代农业建设

农业发展是我国综合国力发展的重要组成部分，是保障我国社会发展与人民生活质量的重要前提。为加快现代农业的发展，首先需要加强对农业机械化的研究推广，提高农业机械生产效率与作业质量。由于我国地域辽阔、地形复杂，因此，提高农业机械的通用性是保障我国各个地区农业发展的重要手段，这需要建立一个完善的管理制度，根据不同地区的耕地实际情况做出最适宜的农机技术推广策略。

在农业种植生产过程中，由于作业工序复杂，需要建立完整的管理机制，主要包括农机的使用、田间管理、农机保养与维修等，对于提高农业机械田间作业效率、保障作业质量与操作人员的安全、延长农业机械的使用寿命等具有重要意义。

　　由于我国农业发展起步较晚、发展缓慢，相关技术水平较为落后，目前市场上大部分仍以国外进口农业机械为主，相关田间试验表明，国外进口农业机械在工作效率、作业质量、使用寿命及可靠性等方面均高于我国自主研发机械。出现这类情况的原因主要是以下两点：第一是由于农业机械造价十分昂贵，部分农户无力承担其购买费用，而且农业机械的更新换代较快，这对所有农户来说，都是一个巨大的冲击；第二是农机领域的相关技术人才较少，这也导致了我国农机发展速度十分缓慢。为了解决上述问题，政府部门需要制定相关补贴政策，例如国家对于农户购买农业机械给予一些经济上的补贴，帮助农机购置，并且定期提供免费农机技术推广教学，积极引进农机领域相关的专业技术人才，提高该类人才的就业待遇等福利，为农机方面的项目提供资金支持，只要农机技术得到了广泛的推动，现代农业的发展才能做得更好。

　　农机技术推广与现代农业相互融合在农村现代化转型中优势互补并相互支持，随着现代农业的转型与城乡融合不断推动，显著加快了农业现代化进程。农业的快速发展促进经济快速发展，经济的发展又会影响农业现代化进程，农业现代化转型会吸引更多的政府投资与企业建立，对农村现代农业的转型与发展起到一定的推动作用，大幅度提升农业现代化水平。在农业现代化转型中，推动二、三产业的发展，实现各个产业的互相融合与可持续发展。

　　传统农业生产完全是靠人工劳动力进行农作物种植和收获，农业生产需要花费大量的人力、物力，劳动强度大、工作环境较为复杂，导致大量的农业劳动力流失。随着近年来各种农业机械的应用，农户可以利用农业机械代替人工完成农作物种植到收获的全过程，极大地减轻了劳动强度，各类农业机械应运而生，从整地、播种、中耕、病虫害防治及收获等均可以实现农业机械化生产，极大地提高了农业生产效率。

　　在现代农业发展过程中，随着先进技术的研发使用，会出现环境污染等现象，如农作物生长过程中为了防止病虫草害问题，需要对其喷洒农药，各种化学药剂的大量使用，对于我国生态环境及食品安全具有一定的安全隐患。随着现代农业的发展，可以通过相关技术手段及精密仪器实现对田间环境及作物生长的监测，根据作物生长按需供水供肥，提高作业效率；病虫害是我国农业生产中的重要灾害之一，具有易暴发、蔓延快、种类多等特点，对我国农业生产影响较大，严重的还会造成作物颗粒无收的结果，对农户收入、国家粮食安全、社会经济发展及生态稳定都造成了巨大的影响。目前，可以通过田间监测技术对病虫害进行

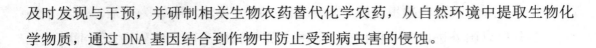

及时发现与干预，并研制相关生物农药替代化学农药，从自然环境中提取生物化学物质，通过 DNA 基因结合到作物中防止受到病虫害的侵蚀。

三、助力西部农业科技示范区形成

科技是第一生产力，国内外的实践充分证明了这一科学论断。目前，发达国家农业增长中科技的贡献率达到 60% ～ 70%，甚至更高，而我国的科技贡献率仅有 40% ～ 50% 的水平，欠发达的西部地区则更低。相关研究表明，从事农业科技活动人员数量增长 1% 时，西部农村 GDP 增长 0.33%；农业科技投入增长 1% 时，西部农村 GDP 增长 0.32%。根据有关学者的研究，西部地区各省（市、区）之间农业科技的基本水平存在差异，但总体水平不高，农业科技进步率仅为 1.27%，这说明西部地区的科技进步率较低。西部地区地域辽阔，占全国国土面积的 71.5%，农业资源具有富集性和多样性的特点，如何应用现代科技促进农业发展，具有重大的战略意义。农业科技投资是实现这一目标的重要手段。近年来，国家财政对于农业和农业科技的支持力度逐渐加大，农业科技投资水平也有较大幅度的增长，但是我国平均科技投资强度与世界其他发展中国家平均水平相比，当前的农业投资总体强度还是相对不足，农业科技人员和农业科研经费较为缺乏，其配置结构也不太合理，这些因素制约了我国农业科技的发展。中国农业科学院的农业科技政策研究课题组对中国农业科技投资总量、农业技术从产出到采用以及科技体制等问题进行了系统分析，认为中国农业科技投资严重不足，不但影响了我国农业科技队伍与组织的稳定，同时也影响了我国农业科研成果的产出和技术的推广与采用。西部的农业科技投资又低于全国的平均水平，致使农业科技进步不足，农业资源优势没有得到充分发挥。

依托国家和市政府农业科技投资拨款的支持，重庆积极推动农业科技创新的跨越式发展，努力改善农业生产条件和提高农业科技水平，尤其是在农业技术研究领域与动植物良种创新领域取得了突出成果。在农业高技术研究领域，重庆市在农作物分子育种、生物反应器、生物农药（兽药）、动物疫苗、微生物发酵和动物胚胎移植等方向都取得了显著进展。在良种选育领域，重庆实现了四个方面的跨越：育种理论方法实现了由经验育种向科学育种的跨越，育种水平实现了由跟踪模仿为主向原始创新的跨越，育种效果上实现了由主推外引品种向自育品种与外引品种并重的跨越，技术创新组织方式实现了由孤军奋战向集团作战的跨越。上述农业科研创新重大成果的出现具有里程碑式的意义，极大地提高了重庆农业科技在国内外的影响力，进一步增强了重庆农业发展的后劲。

重庆市以中央"服务三农、发展三农"的精神为导向，以农业产业化百万工程为抓手，以扶持和发展农业产业化龙头企业和农业科技园区建设为纽带，稳步推进农业产业化进程，全面推进农业农村经济发展。当前，重庆农业产业化龙头企业规模不断壮大，效益不断提高，产业化效应逐步显现。重庆现已形成三牧、涪陵榨菜、天友等国家级农业龙头企业 14 个，市级农业龙头企业 89 个，这些重点扶持的龙头企业已成为重庆农业产业化百万工程中的中坚力量。重庆渝北国家农业科技园区、北碚生态农业科技园区、合川农业高新技术产业开发区等农业科技园区骨干项目也逐渐显现出积极发展的态势，其经济、社会、生态效益逐步展现出来。农业产业化龙头企业和农业科技园区的快速发展，一方面有利于改变当前封闭落后的农业生产方式，大大提高了农业资源的利用效率；另一方面也有利于实现农业的规模化经营，促进农业科技成果向生产领域转化。近年来，重庆市农业科技成果推广应用率基本保持在 45% 左右，包括黄籽油菜、柑橘、中兽药在内的一大批农业科技成果成功实现了产业化，为农民增收、农业发展做出了积极的贡献。

我国已把科技投资增长"高于财政经常性收入增长"的条款写入《中华人民共和国农业法》和《中华人民共和国科技进步法》（这两个法律以下简称为"两法"），这是一大突破。然而在实践中距离"两法"的要求还存在较大的差距。"两法"无法得到贯彻实行的问题主要在于缺乏一套行之有效的增加农业科技投入的投资、监督、保障和其他制度保障体系。所以，国家应制定《农业科技投入法规》，明确每年用于农业科研投入的数量和来源，并使其按财政收入增长的一定比例增长，为保持农业科技投资的适度规模提供法制保障。同时，将现行的"米袋子"省长负责制改为农业科技投资省长负责制，为使农业科技投资落到实处提供制度保证，以科技保"米袋子"。另外，农业技术的发展与创新均对有关制度建设提出了新的要求，我国应尽快建立健全技术市场体系与技术市场法规体系，建立健全知识产权保护及市场法规的执法体系，以保障有关法律的顺利实施。这些机制的建立当然也会对包括重庆市在内的广大西部地区农业的大发展起到积极作用。

经济发展的动力是权利平等和交易自由。"农民的市场机会"与农民应有的主体地位是关键问题。在当前由政府导向的发展过程中，明确农业科技活动为国家的公益性事业，继续保持政府对农业科技财政拨款的主渠道地位。要明确确定农业科研投资农业技术推广投入的最低增长幅度。政府应确定一个农业科技投资来源的比例指标，建立一套增加农业科技投入的投资机制、监督机制和责任制；多渠道筹集农业科技经费；建立健全政策法规制度，为农业技术发明与创新活动创造一个良好的环境；建立健全食品监测系统和保障农业技术研究与创新活动有利于人类健康及农业可持续发展的制度；建立农业技术服务公司，逐步开展有偿技术服务；改革现有的科技体制，加速农业科技产业化的进程。

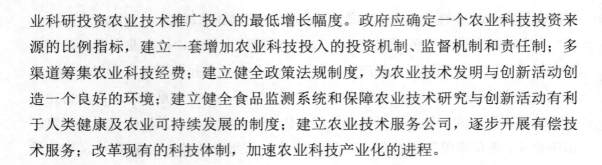

第四节　成渝经济圈农业技术推广服务的原则

一、促进农业技术与教育、科研的有机融合

农业技术创新和推广是密切联系的统一体，是分不开的关系，但是从我国长期的实践来看，两者之间缺乏有效的合作，农科教和产学研严重脱节，造成我国农业科研成果数量多，但有推广价值的少、推广时效率低下等一系列问题。因此，要从国家层面设立农科教和产学研促进委员会，农业、科技、教育等部门参与进来，设置有效的议事协调机构，并设立专门的办公室，着力促进农业科研、教育与技术服务三者的有机结合。应重点解决好以下几个方面的问题：

首先，要明确科研分工，建立科研单位和企业之间的公平竞争机制。公立性科研机构重点围绕国家农业发展战略和食物安全、环境安全、农业增效、农民增收等重大问题，开展基础性、公益性、系统性、长期性研究。农业企业重点围绕种苗、种畜禽、农药、肥料、饲料、疫苗等重大产品和能够商品化的应用技术开展系统研究。加大对公益性、基础性研究的资助力度，为企业开展科技创新和推广提供基础性研究成果支撑。对具有自主知识产权、能够形成自主创新产品的成果转化项目，采取后补助的方式，对项目执行期内企业用于技术研发的资金给予一定的无偿补助。

其次，要推动建立企业、科研院所和高校共同参与的农业技术创新战略联盟。积极推进建立以知识产权流转为纽带的，由企业、科研院所和高校共同参与的农业技术创新联盟，形成以市场为导向、以企业为主体，产学研紧密结合的创新机制，提高整体竞争能力。同时，积极搭建科研机构与农业产业组织之间的合作与交流平台，并将其作为新型公益性农技推广机构的一项重要职能，通过基层农技推广机构的"上传下达"和"上引下联"，使农业生产与研发、市场等各个环节紧密衔接，以创新链带动创业链和产业链，促进现代农业科技成果的快速转化与应用。

最后，与农业企业的技术创新相比，农业科研院所在学科、项目、人才、平台和研究工作机制等方面都具有绝对的资源优势。一是学科优势明显。农业科研院所的学科体系健全，拥有相对齐全的学科领域和特色明显的研究方向，并承担了大批国家级、省部级重大科研项目，创造出大量的论文、专利等具有较大学术和社会影响的科研成果，是农业基础研究和高新技术成果的源头。农业科研院所在科技活动、成果等方面的资源优势反映了其参与研究与开发的竞争力，是农业科技创新的源泉。二是人才优势明显。科技人才是农业科技创新的重要载体，也是农业科技发展的关键。从科技力量的分布情况看，我国大部分的科学家集中在科研院所和高等院校。农业科研院所拥有硕士、博士、博士后多层次、多类型的人才培养体系，以及具有创新能力的国内外知名的学科带头人及其研究团队，是其加速发展和壮大的主要因素和重要力量。三是平台优势明显。科技创新平台是农业科技发展和技术创新的条件支撑。农业科研院所设有各类国家级、省部级重点实验室和国家工程研究中心及野外观测站等系统的农业科学与技术创新实验平台和基地，在规模、布局、数量和质量上比农业企业有着绝对的优势。四是工作机制优势明显。农业生产的周期性、季节性、地域性以及对特定环境条件的依赖性与科研活动的探索性、创造性和不确定性相互渗透，决定了农业科研具有长期性、周期性和限制因素多等特点。农业科研院所具有长期、系统和深入研究的工作机制，拥有突出影响和传承的科学精神、创新文化及学术氛围，能够更好地解决农业科技的重大问题。

目前，应当加快推进农业企业和农业科研院所的合作，使目前国家战略布局当中以企业为技术创新主体的战略方向与现有的农业科研院所为主的科技创新体系有效对接，保证农业企业参与到整个农业技术创新活动过程中，并且占据主体地位和发挥主导作用，提高企业的产业技术创新能力。一方面，院企合作模式能够实现科技资源的充分共享。农业企业的技术创新迫切需要农业科研院所的参与，推进院企合作能够吸引科研院所参与企业的技术创新和产品开发。通过农业科研院所和农业企业之间在科技资源方面的组合与协作，把农业科研院所的科技人才优势、科技创新优势、技术优势与农业企业的市场优势、管理优势和资金优势等根据需要结为一体，实现院企间科技资源的充分共享、优化配置和高效利用，开展产研合作，强化农业科研院所对农业企业技术创新的源头支持，增加企业的市场竞争优势，提升农业企业自主创新能力和整体科技实力。另一方面，院企合作模式能够推动科技成果的快速转化。企业作为科技成果的需求主体，在成果转化和应用阶段具有得天独厚的优势，农业科研院所科技成果的转化迫切需要建立以农业企业为主体的产研合作机制，促进科技创新与农业生产的紧密衔接，实现农业科技成果的快速转化，提高农业科研院所的科技成果转化率。

二、建立科学合理的管理机制

要进一步深化公益性农技推广体系改革，建立科学合理的管理体制，以提高农技推广效率。

首先，建立"三权归县"的垂直管理体制。各地区可参照《国务院关于深化改革加强基层农业技术推广体系建设的意见》规定，并结合本地区的实际情况，建立一种"管理在县、服务在乡（镇）"的垂直管理模式，实现经费和人员的统一。确保一线农技人员数不低于全县（区、市）农技人员总编制的三分之二。同时，将基层农技推广机构定性为公益性事业单位列入财政预算，农技推广人员列为全额事业编制，实现在岗人员工资收入与基层事业单位水平相衔接。

其次，在加强财政投入的同时，有效整合各类公益性农技推广资金。鉴于农业的基础性，一方面各级政府应通过加强财政经费投入，确保农技推广经费与农业总产值的份额逐步达到合理比例，有效缓解基层农技推广机构由于人员待遇低、技术装备差、服务手段落后所导致的业务能力不足问题。另一方面，更要积极整合区域内各类公益性农业技术推广资源与专项资金，集中投入专业化和产业化特色明显的区域，改变传统农技推广机构资源分散、配置效率低下的局面，提高农业技术服务体系中人力资源和财力资源的配置效率。

为了确保推广服务工作的顺利完成，需借助社会力量，结合市场经济机制，进一步加大对农业技术的资金投入力度，吸引更多社会力量参与到农业技术推广服务中。考核制度能够保证团队内部的推广质量，确保推广人员具备一定的专业能力和推广认知，加强专项专款的监督。奖惩机制主要是为了激发工作人员的积极性，设置资金专款对推广人员进行激励和表扬。

针对农业发展的实际需求，结合现有资源，建立完善的农业科学技术管理制度，不断健全和强化农业科学技术的法律保障并完善金融以及技术市场，促使农业科学技术成果得以转化为实际应用。重视农业科研领域，制订正确的发展战略计划，采取稳健的发展对策，促使农业科学技术管理工作更加规范合理化，促使传统农业向新兴农业进一步转变。

努力贯彻科教兴国战略思想，努力促使农业技术转化为实际生产力。从狭义层次上讲，加强科研单位、大学以及工厂之间的沟通力度，鼓励民营企业以及农业科研机构参与到农业科学技术的推广工作当中。从广义层次上讲，努力完善分配机制、奖励机制、调控机制等相关制度。在实际的农业科学工作中，遵循市场经济规律，严格操作，凭借自身发展优势，与时俱进，努力引进新工艺以及新品种，促使传统农业模式向创新型农业模式转变，把科研单位、主导企业中的农业技术与农民利益相结合，形成利益相关体。

现今的农业科技推广体系既无法迎合市场经济体制，也无法抵抗加入世贸组织后国际农产品交易带来的巨大冲击，所以必须在保证农业科技推广体系平稳的前提条件下，进一步加深体制改革，创建农业推广服务体系，在平稳条件下，争取获取最大的社会利益。把实际情况作为基本出发点，充分挖掘农业发展潜力，不断加大农产品科技含量，严格把关农产品入市质量，增强农产品在世界贸易中的竞争力，引导农民正确认识未来农业发展趋势，采取积极有效的预防措施，做好抗击农业风险的心理准备。

三、注重对非政府推广主体的扶持力度

一是加大对涉农企业和技术服务机构等市场主体的培育力度。加大对涉农企业、技术服务机构等社会化农业科技服务组织的支持力度，着力培育一批社会化农业科技服务组织开展经营性服务，允许和鼓励农业科技经营性服务组织大规模开展农业新技术和新品种的推广与应用。同时，加大政府农业科技资源对企业的支持力度，引导农业技术创新要素向企业集聚。鼓励农业科研人员向企业流动，探索科教单位人员在企业任职期间保留事业单位编制的弹性机制，吸引农业科技创新人才向企业聚集。发挥企业家和科技领军人才在农业科技创新与服务中的关键作用，使企业和技术服务组织真正成为农业技术研发投入和应用的主体。

二是引导市场服务主体加强创新投入。进一步降低享受税收优惠政策的企业认定资格准入门槛，完善享受税收政策的企业认定制度，取消享受税收减免政策的农业企业规模和效益限制，凡是符合国家农业产业发展导向的均应当给予相应支持，给涉农企业和技术服务机构营造一个公平的竞争环境。强化支持企业农业科技创新和科研成果产业化的税收政策，全面落实企业研发费用加计扣除、知识

产权质押等优惠政策，吸引社会资本和风险资本以多种方式参与农业科技创新创业。改革科研和技术服务投资方式，减少直接的项目扶持，改为以政府采购、税收减免等政策的间接支持。

三是强化市场主体在农业科技成果转化中的主导作用。改革农业科技管理模式，对能够商品化的课题应建立由企业出题出资，政府给予适当补助，委托公立科研机构定向研发，成果归企业所有的项目管理机制。支持企业与科研院所采取联合申报政府项目、合作共建研发中心和实验室等举措，共享科技资源和智力成果，或通过聘请相关技术专家作为企业技术顾问等形式，积极引导和推动涉农企业、社会化科技服务组织同农业科研与教育机构之间建立长效合作机制，有效解决农业企业在生产、加工和储运及售后服务等环节中遇到的内外部技术难题。支持具有条件的企业开展公益性基础研究成果的商业应用开发和推广应用，支持企业系统开展新产品、新技术、新工艺研究，加快科技成果的研究、产出、转化和应用。对于政府确定的公益性强的农业技术推广项目，可采用招投标方式吸引企业参与和承担。

农业科技企业要不断提升自身的创新管理水平。企业不仅要设立专门的研发创新机构且要加强创新机构的管理，设立严格的准入机制和奖励机制，建立完善的技术创新运行机制，提高创新机构的工作效率；着力抓好企业创新管理团队和专业技术创新人才团队的建设，充分调动科研人才的积极性。技术创新绩效是对企业技术创新管理活动的事后评价及考核，但是创新绩效的影响因素却产生于技术创新活动全过程，因此，提高创新绩效不仅取决于创新过程后期的产出转化能力，创新前期投入、过程管理及技术水平等因素都严重影响创新绩效。因此，农业科技企业要综合考虑创新全过程中的各个要素，优化各项资源配置效益与效率，将市场机制引入企业技术创新活动中，提高创新活动的效率，提高创新成果的转化率和创新产品利润率，使企业获得丰厚的利润并将这些利润再投入企业研发活动中，如此不断获得专利技术和投产创新产品，增加企业收入及提高企业市场占有率，从而增强农业科技企业的市场竞争力，全面提升农业科技企业的创新管理水平。

农业科技企业的技术创新路径的重要影响因素是技术创新能力及其优势特征，技术创新能力决定着企业的技术创新路径。企业的技术创新路径决策应以企业技术创新综合能力及创新技术能力为基础，综合考虑企业创新资源、创新管理能力及社会资本等方面的因素，结合企业自身的创新优势，合理配置各种创新资源，选择适合企业长期稳定发展的创新模式及其实现路径。其中技术能力的影响因素主要包括技术学习模式及技术积累，基于技术创新能力演化过程的技术学习模式对于创新路径的影响是决定性的，如果企业的技术学习模式是创造性模仿能力培育中的学习方式，则创新路径应选择引进再创新；如果是自主创新能力培育中的学习模式，则可以选择原始创新路径或集成创新路径。技术积累是提升技术创新能力的主要途径，故企业技术积累也是企业创新路径选择的基本因素。

四、充分发挥农业科研和教育机构的功能

一是支持公益性农业科研院所发展。根据农业的基础性作用、我国农业发展的阶段性特征以及农业科研院所服务广大农民的机构性质，明确农业科研院所的公益性定位为公益一类科研事业单位。按照分级负责的原则，明确中央、省、市三级农业科研机构的人均基本支出经费标准，由中央、省、市三级财政足额保障所属农业科研院所人员经费和日常公用经费。积极落实科研事业单位社会保障政策，统一纳入地方社保体系，解决科研人员的后顾之忧；保障农业科研院所的基本科研经费和科技服务经费，加强农业科研院所的基础设施条件建设。

二是推动和支持农业院校的快速发展。完善农业大学发展协调机制，统筹协调农业院校改革发展工作，通过部部共建、部省共建等形式，支持农业大学持续协调发展；设立产学研合作专项资金，支持农业大学结合学科特色建设产学研合作基地和农业试验示范基地；启动农业大学基本建设专项，提高农业院校的教学、科研和社会服务工作能力。落实国家助学贷款代偿和学费补偿政策，安排补助经费，扶持农科大学生到基层服务。

三是鼓励和引导农业科研和教育机构同基层农技推广机构开展协作。有效解决基层农业科研、教育和推广相互脱节的问题，可以进行科技成果结题和鉴定制度改革，鼓励科研人员注重实用性成果的开发；改革现有的科技成果利益分配制度，鼓励科研人员参与二次分配，从而调动其生产创造积极性，并通过"院（所）地合作"和"定向培养"，建立起基层农技人才培养的长效机制。

四是加强农业科研院所内部管理。针对当前农业科研事业单位内部控制建设情况，应先全面梳理单位经济业务，结合单位实际，按照重要性等内部控制原则，完善内部控制制度细则，确保单位各项经济活动都在内部控制制度覆盖范围内，避免部分经济活动游离于制度规范外。同时，也要结合信息化建设，将内部控制做到扁平化，结合财务流程、业务流程、组织结构的调整等优化内部控制流

程，控制各事项的开展。在事项完成以后，要组织专门的机构或人员进行考核和评价，落实责任到具体，并总结经验和不足，推动内部决策流程的不断优化，促进单位建立科学民主的决策机制，提高单位内部控制水平，在保证内部控制工作有效落实的同时，提升其权威性。

农业科研单位内部控制是一项系统工程，需要各部门积极参与，形成合力整体推进，内部控制的落实还需农业科研单位建立健全内部控制协调联动机制。具体从以下几方面出发：一是明确分工。根据内设机构情况，明确内部控制管理牵头部门和参与部门，细化岗位职责，将相关责任落实到具体个人，加强内部控制工作的组织和协调。二是加强沟通与协作。各部门要及时沟通和交流在内部控制实施过程中出现的问题和新情况，研究问题成因，由单位牵头部门组织开展"会诊"，共同研究制定有效策略来完善内部控制，更好地发挥内部控制职能作用，防范风险隐患；内部控制管理人员要深入科研、成果转化等业务一线，对各项业务流程和职能进行深入地了解，加强人事、科研、财务等管理部门和科研团队等业务单元之间的协作交流，对内部控制流程中涉及的全部岗位的职责权限进行明确，及时发现业务活动开展中存在风险的节点，制定相应的措施，保证内部控制得以有效执行，充分利用内控手段解决好单位日常工作中的难点和重点问题，保证单位健康高效有序运转。三是建立科学有效的内部控制监督体系。一方面，农业科研单位要建立加强内审管理。在单位内部设立专门的内部控制监督审计部门，配备专业的内审人员，明确岗位职责，保证内部审计部门的独立性和权威性，并充分利用外部审计手段实现对内部控制落实情况的监督。通过内部监督，及时发现单位内部控制制度制定和执行层面存在的问题和漏洞，督促牵头部门完善制度，再造流程，推动单位内部管理水平进一步提升。另一方面，借助外部审计来完善监督评价机制，减少因为长期工作所带来的内部审计主观性过强问题，不断提高监督报告结果的有效性，为单位管理者提供准确的信息来分析实际内部控制运行和落实情况，从而制定出科学有效的措施，更好地发挥内部控制作用。

五、高度重视农业技术在农村的推广服务

农民合作社、农村专业技术协会等农村社区型互助组织在农技推广中日益发挥着重要作用，但其发展还处于初级阶段，农技推广与合作社、协会的结合程度还有待提高，各项扶持政策也还有待健全和完善。

一是积极营造农村社区性互助型技术服务组织参与农技服务的社会氛围和政

策环境。农村社区互助组织的发展日益改变着农业经营方式和农村生产关系。要广泛宣传农村社区互助组织开展农技服务的典型做法和积极成效，积极营造鼓励和支持其参与技术服务的社会氛围。从国家政策法律层面，研究制定"支持鼓励农民合作社、农村专业技术协会开展农技推广的意见"，进一步明确其在多元农业技术服务体系中的主体地位，肯定其在农技服务中的重要作用，并推出更加具体、更有针对性的扶持举措，推动其在更深层次、更广领域参与农业技术服务。可尝试将经营性的技术服务项目交给具备一定经济实力和技术实力且运营规范的合作组织负责，并由公益性农技推广机构提供有针对性的技术指导，然后按照合同要求进行严格考核与验收。

二是强化对农村社区互助组织参与农技服务的全方位扶持。通过财政补助、贷款贴息、信贷担保、保险补贴等方式，对农村社区互助组织用于农业新品种新技术引进、示范和推广的种植养殖基地、信息化设备、办公场地等基础设施建设给予扶持，帮助其建立农业技术信息交流平台，提升其开展农技服务的软硬件水平，提升其发展和服务成员的能力。鼓励农村金融机构对合作组织实行信贷倾斜政策，建立健全面向农村合作经济组织的金融和贷款服务体系。与此同时，要强化农村社区互助组织的外部技术支撑。鼓励农业高等院校和科研院所以技术协作的方式，建立面向农民合作社和行业协会的技术帮扶制度，将试验示范和应用实践型项目委托合作组织执行，或由技术专家通过对合作组织技术人员的传、帮、带，帮助其培养"带不走"的乡土实用技术人才。

三是加强农村社区互助型组织自身能力建设。进一步健全涉及农村社区互助组织有序运转的政策法规及规章制度建设，完善其自我发展、利益分配和民主管理机制，增强其对接市场、服务社员的能力和辐射带动力。健全其内部激励与风险共担机制，增强合作组织的内部凝聚力。各个地方可挑选一批重点农民专业合作社和行业协会，充分发挥其带动生产和组织经营的作用，将分散的农户经营转变为标准化、规模化、专业化农业经营。支持农村社区互助组织创办农业企业，鼓励企业进行横向组合和合并。

四是为了适应新时期的要求，应该以农民的满意度为主要评价标准，全面提高农业技术团队的综合素质，并确保农业技术人员可以满足新时期的要求，满足农民的需要。完善县、乡（镇）、村基层推广服务体系，促进农村经济可持续发展。要尽快实现农业科技在促进农业产业化中的作用，就必须以农业产业化的需要和存在的问题为主要参考，满足现代农业产业化长期发展的需要，妥善解决现实生活中的关键问题，合理安排农业产业化的相关资源，使农业科技尽快更新优化，增强农业科技对我国农业产业化的影响。农业科技创新要与农业科技发展过程相适应。在发展农业科技的过程中，要保证自主创新，建立具有自主知识产权的先进技术，提高市场综合竞争力，进而通过市场管理机制促进农业产业化的快速发展。

为了提高农业科技对农业产业化的影响，需要规划和领导相关工作，这就需要各部门的协调和配合，使组织和领导能够顺利开展。各部门要重视农业科技创新相关工作，将农业科技创新纳入日常会议，提高组织领导和综合协调能力。根据当地实际情况，制定完善的农业科技政策法规，发挥农业科技投入应有的作用。同时，要优化农业科技创新过程中的资本投资环境，将工商资本和公共资本引入农业高新技术产业，参与农业科技创新风险投资，将政府投资的资金投向技术集成度高、市场发展前景好的项目。

在深化农业科技体制改革的过程中，要重点抓好适时将农业产业化转化为科研项目。科技与发展规划应以产业化项目为重点，改变以学术目标、专业目标或产业发展目标为选题模式，选题时充分考虑产业发展过程的实际需要。建立全面的科研运作框架。全面支持企业与专业院校、科研机构的合作关系，共同建立多方合作的技术开发实体，以项目研究为纽带，组织重大技术问题的联合研究，攻克疑难问题。农业科技改革要坚持"科技与经济相结合，增强科技创新能力，促进科技产业化，提高综合生产效率"的方针。农业研发领域和科技服务领域分为两类，即基本公益性和市场需求性。面对市场时，根据市场经济的发展需要，引入市场机制和竞争体系，引入科技农业的经济保障体系，充分发挥农业科研机构和农业企业的技术创新作用。在农业科技推广服务层面，依托不同的教育体系，逐步建立地方政府支持的农业终身教育体系，提高农民综合素质，进而完成新型农业科技创新体系建设。在当前的农业发展形式中，成渝地区许多地（州）市在农业产业化过程中都存在着同样的问题，即缺乏农业科技人才，特别是少数民族农业科技人才。因为很多受过高等教育的农业科技或其他农业知识的人才离开校园后会选择其他专业工作，也因为很多农业科技人才向往大城市，他们不会在职业技能广泛应用的乡镇工作，而是选择在城市工作。在此背景下，需要为农业科技人才提供优越的生存环境和发展空间，以保障相关人员的物质和精神需求。在保障现有农业科技人才工作和生活需要的同时，也要加强现有农业科技人才的培养。由于农业科技人才在长期工作中会形成封闭的学习环境，很难有足够的时间去了解和学习当前最先进的技术，知识面容易变得狭窄。为了解决这一问题，相关部门应为农业科研人员、农业科技推广人员特别是少数民族农业科研人员和农业科技推广人员提供优良的培训空间，使其有效学习新的科学理念，及时了解原有科学技术的缺陷，对问题进行优化和纠正，有效提高自身的专业能力。

加快推动人才下乡，培育更多知农爱农、扎根农村的人才，推动更多科技成果应用到田间地头。加快推进农业现代化发展，加强培育高素质的农民队伍，以农业科技推广为总抓手，培育一批"爱农业，爱农村，爱农民"的"三农"工作队伍，加强农业科技社会化服务体系建设，深入推行科技特派员制度，深入开展农村振兴科技支撑行动，完善农业科技领域基础研究稳定支持机制，加快培育出以农业科技推广促进农业经济发展的高素质农民队伍。为促进成渝地区的农业事业和农业经济的高质量发展，意识形态领域的绝对安全应放在首位，着力编译出版适合成渝地区的农业生产实际、能够推动农业科技推广、带动基层农技人员引导、培育高素质农民队伍的农业科技培训资料，充分利用农业科技推广手段，进一步提高基层农技人员和农牧民的科学文化素质，推动成渝地区农业经济的高质量发展，加快推进农村振兴。

加强农业科技关键核心技术攻关，部署一批重大科研项目，抢占科技制高点。深入实施科技特派员制度，进一步发展壮大科技特派员队伍。采取长期稳定的支持方式，加强现代农业产业技术体系建设。加强农业产业科技创新建设，加强国家农业高新技术产业示范区、国家农业科技园区等创新平台基地建设，整合利用农业广播电视学校、农业科研院校、涉农院校、农业龙头企业等资源，强化科技支撑作用，促进农业产业化发展。

第七章 成渝经济圈农业经济的新发展格局

一、成都经济圈农业经济发展现状

成都都市圈下辖成都、德阳、眉山和资阳，四座城市的行政区域面积总和为33 129平方千米，占全省总面积的6.8%，空间上人口集中度高。成都都市圈农业经济发展的好坏，直接关系着都市圈人口承载能力高低、都市圈生活成本高低以及地区经济发展潜力。

成都都市圈四座城市的农、林、牧、渔业总产值差异明显：成都的农、林、牧、渔业总产值最高，相当于资阳或德阳的两倍、眉山的三倍，但在产值规模显著差异的情况下，四座城市农、林、牧、渔业总产值的变动整体趋于一致。

从人均产值来看这一趋势更加明显。农、林、牧、渔业劳均产值可反映劳动力投入与产出之间的关系，在技术投入、生产方式与资本结构相似时，可将其视为农业劳动收入和劳动效率的代理变量。从人均产值来看，都市圈内四座城市变化态势趋同，且差距显著缩小，反映出地区农业经济自发协调，促使地区农业生产收益向同方向变化，仅德阳显示出一定的赶超态势，眉山、资阳的农林牧渔业劳均产值较成都、德阳而言有逐步扩大的态势，显示出区域农业生产平均利润率的实现受到某些制约因素的影响。

对成都都市圈内各城市农林牧渔业总产值与劳均产值进行分析可以发现，成都作为成都都市圈的核心，其农业经济体量大于都市圈内其他城市，且发展势头强劲。成都都市圈内其他三座城市受自身人口聚集与都市圈总人口数量提升的影响，农、林、牧、渔业总产值增长的变动趋势具有相似性，成都都市圈内各城市农业经济发展存在相关性，具备协调的现实基础。

二、成都经济圈农业生产结构

对成都都市圈农业生产结构的分析聚焦构成农林牧渔业总产值的种植业、畜牧业、林业、渔业产值相对变化情况。由于不同行业存在行业差异，虽然理论上各行业会通过生产结构的调整，在市场充分竞争条件下达成平均利润率，但现实中农业经济的市场化程度有限，若在一定时期内出现较大的生产结构调整，则需使用技术手段对后续分析指标进行修正。

伴随农林牧渔业总产值均值的增长，种植业与畜牧业有了显著的发展，而林业、渔业的变化相对较小，整体来看生产结构较为稳定，各部分的相对比例变化有限。畜牧业与种植业作为成都都市圈农业经济的核心组成部分，两者的相对变化关系中呈现出种植业与畜牧业不断相互赶超的态势。一方面，这显示出种植业与畜牧业的互补性，即种植业的初级农产品是畜牧业生产的中间产品（如玉米—饲料—养猪等），畜牧业的快速发展对种植业起到了直接带动效应，当畜牧业的快速扩张得不到种植业相应扩张支持时，畜牧业产值将会快速回调。若畜牧业与种植业产值差距不大，则两者能够相互促进发展。另一方面，成都都市圈近年种植业快速超过畜牧业产值且差距不断拉大的现象，与近年来成都大面积种植果蔬等经济作物、发展都市近郊型现代农业的背景相吻合，进一步证明了初级农产品的最终产值并不单单由生产要素的数量、效率等供给端因素决定，现实经济中存在因顾忌需求不足而限制生产量，进而影响全要素生产率的情况。整体来看，成都都市圈内部的农业生产结构较为稳定，可以将农林牧渔业总产值作为因变量分析成都都市圈农业经济生产效率。

三、成都经济圈农业发展模式存在的问题

（一）彭州商品蔬菜存在的问题

1. 产业组织发展滞后，蔬菜附加值低

彭州蔬菜生产总体规模大，但为蔬菜生产提供产前、产中技术服务和农业投入品供应，为产后提供储运、保鲜、加工的市场主体数量少且规模小，年加工转化率仅 7.5%，服务能力差，产业组织发育相对滞后，严重制约了彭州蔬菜产业的快速发展和市场竞争力的提高。

2. 农户超小型规模经营

蔬菜生产经营以"一家一户"的小型分散经营为主，内部规模经营小，规模化生产程度低，使整个蔬菜产业出现了市场竞争主体多而过于分散的现象，恶性无序竞争经常出现。在这种形势下，出现了以下弊端：一是农户对农业技术的投入只是单纯地倾向于提高土地生产效率，这样就在一定程度上阻碍了先进技术的推广。二是单家独户经营，专业化水平低，市场信息不灵，生产具有很大的盲目性，难以抵御蔬菜生产过程中存在的自然风险和市场风险。例如：集体追高，彼此模仿，造成价格波动较大，供需失衡，农民反受其害。三是交易地点分散分布，造成高流通成本。由于农民受教育水平低，在市场上处于弱势的谈判地位，经常高价买进农业投入品，低价卖出蔬菜，利益大量流失。四是狭小的生产规模、阻碍了先进管理方法的实施。农民不愿意付出高额的成本购买或者租赁农机，而且分散的规模较小的土地也不利于农业机械化作业，规模化、组织化程度不高，难以实现现代管理效应和规模效益。五是由于小规模经营，农户种植的蔬菜种类虽然较多，但分布过于分散，农业科研人员难以进行分类的技术指导，不利于先进科学技术和农业生产技术的推广，也不利于集中蔬菜进行产后的加工，提高蔬菜产品附加值。

3. 品牌意识淡薄，措施滞后

品牌战略是提升彭州蔬菜产业市场竞争能力的重要手段。彭州蔬菜以其规模种植和优良品质在国内市场已经享有一定的美誉，但蔬菜作为农产品，本身的判别化程度低，若在销售中不实施人为的判别化策略，将无法实现优质产品应有的价值。彭州系统地实施蔬菜品牌战略的起步较晚，生产、营销人员品牌意识淡薄，

蔬菜商标注册力度不够，包装粗放简陋，判别化经营能力弱，影响彭州蔬菜市场竞争能力。

4. 农民的文化素质和科技素质低

彭州蔬菜种植历史虽然悠久，但农民的文化素质和科技素质相对较低。生产上多是以经济型为主，对先进生产技术的吸收能力较差，速度较慢，生产的蔬菜在市场上的竞争力弱。再加上，对市场信息的反馈迟钝，多是以跟风型为主，对市场的预测驾驭能力低，常因对市场信息把握不准，导致生产过剩以致贱卖伤农。

5. 品种结构、技术结构严重老化

彭州蔬菜种植面积最大的是常规的大蒜、莴笋、芹菜等鲜销叶菜类品种，适合于出口和加工的高附加值品种较少。栽培品种中以常规自留种为主，科技含量高的国内外蔬菜种子、种苗推广应用滞后。在生产技术方面，由于乡镇缺乏专门的蔬菜技术推广机构和人员，使全市蔬菜的生产大多靠经验进行指导和生产，设施栽培、节水灌溉、反季栽培、无土栽培、工厂化育苗技术、配方施肥技术、病虫害预测预报和综合防治技术等应用很少，严重影响了彭州蔬菜的市场竞争力。

6. 政府对蔬菜产业支持力度不足

蔬菜产业的发展除了依赖良好的自然资源外，加大产业投入是产业持续发展的关键。蔬菜作为彭州农业的优势产业和支柱产业，与彭州的粮食、油菜等产业相比，无论是管理投入、科技投入、资金投入，还是人力资源投入、干部精力投入等，都与其作为优势产业和支柱产业不符，使彭州蔬菜产业的结构调整、产业组织培育、精品蔬菜的发展等都面临着周边区域和结构调整力度大的地区的强大压力。

（二）郫都农科村休闲农业存在的问题

1. 起点较低

郫都农科村休闲农业开始于花木盆景的销售，但是农科村的农家乐起点普遍较低；相比起苗木栽培的收益，农家乐收益相差太大，原因是农家乐经营者多为当地农民，农家乐经营模式也不够规范，除了花木盆景观赏之外，基本没有其他特色景观资源，也缺乏体验式或较有创意的休闲项目，经营范围多是棋牌、餐饮。农家乐起点低，档次也低。

2. 消费群体年龄偏高，消费水平偏低

郫都农科村农家乐的档次和品位决定了农家乐的消费群体。因为对年轻人的

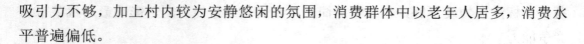

吸引力不够，加上村内较为安静悠闲的氛围，消费群体中以老年人居多，消费水平普遍偏低。

3. 农家乐经营结构简单

郫都农科村的房屋改造和道路建设投资主体是农民，政府规划和出资较少，但有一定的引导作用。由于农民自己是投资主体，经营的自由性较高，经营结构简单，经营档次差距较大。

4. 宣传力度不够

比起双流的体验农业和龙泉驿的观光农业，郫都农科村对休闲农业的宣传不到位。通过对成都市区居民的走访调查发现，提到都市农业，许多人首先想到的是双流和龙泉驿。农科村的农户也希望政府能够采取一些措施，提高农科村农家乐的知名度。

5. 没有结合自身的优势

郫都农科村是"中国盆景之乡"，但是农科村的农家乐基本上与其著名的盆景艺术没有过多的关联性。除了规模较大的"中华盆景园"在园区摆设展示盆景外，其余经营者的庭院内很少有体现特色的川派盆景景观，经营范围只集中在餐饮、棋牌和景观观赏上。未来应将盆景艺术与休闲观光农业联系在一起，但农科村大部分农家乐未充分利用这一特色优势。

（三）成都市体验型观光农业存在的问题

1. 体验模式简单

成都的体验型观光农业项目具有一定特色，但是仅集中在水果成熟时的采摘和品尝，体验方式较为简单，缺乏一定的创意。

2. 季节性较为明显，资源依赖性强

因为成都市体验型观光农业主要为蓝莓、草莓、樱桃、枇杷、蜜桃等夏季水果采摘，所以在冬春季节和夏秋季节存在明显的淡旺季之分，在资源缺乏的淡季，游客人数和附加消费收入急剧减少，旺季时节，又存在一定的人潮拥挤情况。

3. 缺乏延续性的体验型观光农业

可以选择"游客认种"方式体验观光农业。选中一株或几株桃树，可参与从施肥、瓜果成长期喷洒农药，到果树成熟时的采摘品尝，再到对果实进行初加工。

这样，增加了游客前往消费的次数，也可进行农业生产的农村课堂教育。还可根据游客需要，在果树结果时，用刻有游客想要的图案或文字的纸袋包裹果实，通过阳光的照射作用，将图案或文字印在水果果皮之上，成为游客专属的纪念产品，可以起到免费广告宣传的作用。再如，开辟亲情园供游人种树。旅游区负责基础设施建设和园区配景，游客在园中种植亲情或爱情纪念树，游客缴纳少量管理费用，旅游区派专人进行养护。成都还没有以上一系列延续性体验项目，所以其体验型观光农业经营范围狭窄。

（四）龙泉驿桃源村旅游观光农业存在的问题

1. 景观资源依赖明显

龙泉驿桃源村的桃花资源得天独厚，观光农业基本是依赖桃花资源开展起来的，但是桃花资源的季节性十分明显，一般只在开花和结果时有一段井喷式的旅游旺季，其余时间较为清淡。

2. 服务人员业务素质较低

因为是靠桃花吸引游客，所以景区对桃花资源有较强的依赖性，导致旅游淡旺季分明。在旺季，经营者通常会在当地招聘农闲时期的农民作为临时工，淡季时则靠家族自己经营。这样的情况，造成服务人员具有很大的流动性，许多经营者不愿意花精力对服务人员进行培训，服务人员的业务素质普遍较低。

3. 旅游开发深度不够，模式初级简单化

龙泉驿桃源村的旅游项目主要集中在赏花、品果、棋牌，景观较为单一，除了观赏桃花等较为初级的都市农业项目外，没有引入市民农园、生态游乐园等深度开发的都市农业模式。

第二节　重庆经济圈农业经济总体现状

一、重庆农业经济发展现状

重庆地处中国西南部，是长江上游地区经济、金融、科创、航运和商贸物流的中心。全市面积 8.24 万平方千米，现有户籍人口 3 198 万，其中农业人口 2 353 万。随着中央政策的支持，重庆迈入了快速发展的道路，无论是城市还是农村，

都得到了长足的进步。重庆经济发展势头强劲，经济综合实力大幅提升，同时也加快了区域经济发展以及"一圈两翼"发展战略启动实施。

重庆属东亚内陆季风区，地形地貌结构复杂。同时重庆也处于四川盆地东南丘陵山地区，地貌造型各样，以山地、丘陵为主。全市地貌类型大致可以分为中山、低山、高丘陵、中丘陵、低丘陵、缓丘陵、台地、平坝等8大类，其中山地（中山和低山）面积63 213.24平方千米，占总面积的74.9%；丘陵面积近14 835.76平方千米，占总面积的18.1%；平地大约有3 025.22平方千米，占总面积的3.7%；平坝面积大约有1 956.23平方千米，占总面积的2.4%，尤其是三峡库区具有显著的立体型气候特征和生物多样性等特点。有土地总面积822.69万公顷，农用地面积694万公顷，其中农用耕地224.2万公顷，园地24.38万公顷，林地329.15万公顷，牧草地23.74万公顷。水资源总量约为650亿立方米，流域面积在30～50平方千米以上的河流436条。动植物品种多达150种。此外，重庆还有近2 000种药用植物资源，特色产业优势比较突出。近年来，重庆市农、林、牧、渔业总产值持续增加，势头良好，如图7-1所示：

（亿元）

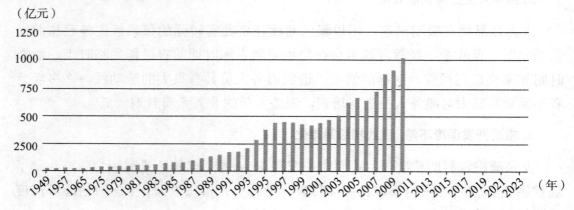

图7-1　重庆市农、林、牧、渔业总产值

但是，农业生态环境形势仍然十分严峻。总体上看，农业资源衰竭、环境污染和生态环境破坏的范围在扩大，程度在加剧，危害在加重。一是有害生物增多，生物多样性下降。国家公布的74种有害生物中，全市发现53种。部分有害生物对生态系统造成不可逆转的破坏。二是农田土壤受到重金属不同程度的污染，农村郊区土壤酸化严重。重金属汞样本超标率6.7%，郊区农村菜地普遍酸化严重，农田土壤酸化也较为严重。三是渔业水质量较差，次级河流污染严重。嘉陵江北岸水域、涪陵水域重金属铜样本超标率分别为61.1%和50.0%，龙溪河、景江河、小安溪河等污染较重，巴南五步河、合川渠江、潼南琼江重金属铜样本超标率分别为 66.6%、66.6%、100%。四是农业面源污染逐年加重。大量农药、化肥的不合理施用，畜禽粪便、废旧农膜等农业废物污染，造成农村农业面源污染加重。五是水土流失和土地退化严重。全市水土流失面积约 5.13 万平方千米，占总面积的 63.2%。全市已有石漠化土地 2 903 平方千米，占总面积的 3.5% 左右。

二、重庆农业生产结构

重庆位于我国内陆西南地区，北面依靠陕西省，东面毗邻湖北省、湖南省，南面则是贵州省，西面连接四川省。市内设 38 个区、县级行政单位，生产总值 20 363.19 亿元。重庆是连接南北、横跨东西部、中部偏西南地区的交通枢纽所在。重庆江北机场作为国内十大空港之一，货物吞吐量常年位于全国前列。重庆地形多为丘陵、山地，以南北向的长江河谷倾斜为主要形态，山地占据 76%。重庆境内有长江东西向横贯其中，穿过重庆的部分流程有 691 千米。同时，重庆也是中国中西部地区唯一的直辖市，一直是西部大开发的战略布局重点，位于"一带一路"以及长江经济带的交界处，其城市形态具有大城市、大农村、大城镇的特征。山区、库区等社会形态相互融合。

农、工、牧、渔业总产值以永川区青峰镇为例，从 2018—2021 年起，永川区青峰镇农业产值占农、工、牧、渔业总产值略有下降，农业总产值从 2018 年的 3.06 亿元上升至 2021 年的 3.2 亿元，较 2018 年的总产值增长 4.6%。从数据显示来看，2018 年至 2021 年工业总产值从 2018 年的 9.89 亿元下降至 2021 年的 7.36 亿元，总产值下降 25%；牧业总产值 2018—2021 年总体呈增长趋势。农、工、牧、渔服务业总产值从 2018 年的 1.87 亿元增长至 2021 年的 7.82 亿元，是 2018 年的 4 倍；农、林、牧、渔业总产值从 2018 年的 16.86 亿元增长至 2021 年的 21.56 亿元，在 2018 年的基础上总产值增长 28%，依然呈逐年增长趋势。从以上数据可知，永川区青峰镇农、工、牧、渔业发展情况较好，其农村经济结构也不断优化。

渝北区农、林、牧、渔业总产值近五年来整体呈下降趋势，其中，农业占农、林、牧、渔业总产值的比例最大，分别占这 5 年的 71.27%、72.81%、61.27%、60.55%、60.74%。林业、牧业、渔业产值最高，分别达 21 943 元、50 775 元、15 183 元，占农、林、牧、渔业总产值的 25.02%。通过近五年的比较，渔业占总产值比例较小，从侧面可以看出渝北区的农业产值最高，渔业产值最低，渔业资源少且渔业附加值不高。渝北区近五年来农作物播种面积整体呈减少趋势，这进

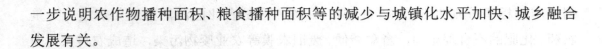

一步说明农作物播种面积、粮食播种面积等的减少与城镇化水平加快、城乡融合发展有关。

三、重庆农业经济存在的主要问题

（一）农村劳动力不断减少

随着经济的发展，大量的农村劳动力转移到城市，农村劳动力呈现不断减少的趋势。2021年，重庆常住人口城镇化率首次超过70%，而农村常住人口为953.3万人，占全市总人口的29.68%，同比减少25.71万人。以万州区为中心的三峡库区城镇群和以黔江区为中心的渝东南城镇群常住人口城镇化率分别是53.78%和51.06%，正处于快速增长阶段。随着经济社会的发展，必将会吸引更多的农村青壮人口到城镇工作，留在农村的多是老人、小孩和妇女。再加上人口出生率继续下降，老龄化程度进一步加深，农村的劳动人口占总人口的比重将逐渐降低。留守农村的劳动力年龄偏大，文化程度较低，难以接受农业新知识、新技术，影响了农业经济的发展。

（二）农业经济发展水平不高

虽然重庆的林业、矿业等资源比较丰富，但是得不到有效的开发利用，使得农业经济发展形势依旧单一。虽然在农、林、牧、渔都各自有发展，但是牧业贡献率较低，而农业贡献指数也几乎到饱和状态。重庆市农业经济发展必须要多方面发展，多渠道融资，使得自然资源在保护环境的前提下，有效地利用完善，促使农业经济结构更加多元化。现代农业技术应用方面不足，农业信息化水平不高，科技水平含金量较低，从事农业的高素质人才不够。

（三）地形的制约

重庆山区丘陵占全市总面积的98%，地势从南北两面向长江河谷倾斜，起伏较大，地质多为"喀斯特地貌"构造，因而溶洞、温泉、峡谷、关隘多。这样的地形造成土地高低不平、大小不一、零星分布，难以运用机械化的方式进行规模化种植，不利于农业的发展。

重庆地形不利于发展农业主要体现在四个方面：一是水田比重低，全市水田占耕地总量的 38%；旱地占耕地总量的 62%。二是坡耕地比重高，其中，15 度以上的坡耕地占耕地总量的 35%，25 度以上的坡耕地和石漠化地区、林区、河道周边等不稳定耕地占耕地总量的 17%。三是耕地质量处于全国中下水平。全国耕地评定为 15 个等别，其中 1 等耕地质量最好，15 等最差，重庆的耕地平均为 9.8 等。四是耕地的空间分布不平衡，有 45% 的耕地分布在主城都市区，渝东北三峡库区城镇群、渝东南武陵山区城镇群占 35%、20%。人均耕地面积也远低于全国人均耕地水平。

重庆还存在大量的撂荒地，其主要原因有以下五个方面：一是农业的收入不够高，影响了农民种植的积极性。二是不利地形条件的影响，如很多高山地区环境恶劣，无人愿意耕种，造成了土地撂荒。三是农田基本建设资金投入少，水利设施不配套，导致有些田块难以耕种。四是人力资本和生产资料的成本上升，种子价格、化肥、农药等价格的上涨速度高于农产品价格的上涨速度，影响农民收入。五是农村人口流失，造成劳动力短缺。大量的荒地荒林，浪费了宝贵的土地资源，降低了社会生产发展效率。

第八章 成渝经济圈产业合作分析

20 世纪 80 年代，四川提出"依靠盆地、开发两翼"的战略布局设想。

20 世纪 90 年代，四川把这一战略设想改称为"两点、两线、两翼"战略。

2001 年 12 月 21 日，在成都—重庆经济合作座谈会上，成渝两地政府达成共识，签订一系列合作协议，双方提出近期合作方向：一是强化基础设施建设方面的合作；二是联合开发旅游资源；三是积极推进统一市场建设；四是建立产业化分工体系；五是建立两地间信息网络通道；六是发挥两市新闻媒体作用，促进企业合作；七是建立两市间交流、沟通机制。

2003 年，"西三角"（重庆、成都和宜昌三市的腹地）经济区概念首次提出，专家预言，它将是继珠三角、长三角、环渤海经济圈后，中国又一个经济增长极。2004 年，国家发展改革委员会将成渝经济圈列入"十一五"前期规划。2004 年 2 月 3 日，重庆市政府和四川省政府签订"1+6"协议。2 月 5 日，签订《四川、重庆两省市道路运输发展框架协议》，川渝携手共同打造两地道路运输无障碍快速通道。

2005 年 2 月 27 日，川渝两地建立两省市党委、政府高层领导定期联系机制，每年定期召开两省市高层领导联席会议，就双方合作中的重大问题进行协商沟通。同时，建立两省市政府秘书长协调机制，两省市部门和行业对口合作机制，两省市的市、区、县对口联系机制，加强两地联系合作。2005年10月，成渝地区列入国家"十一五"规划，成渝经济区跻身四大经济区。

2007年4月，重庆市委、市政府主要领导再赴成都与四川省和成都市的党政负责人商谈达成共识，联手打造"中国第四增长极"；两地共同签署了《重庆市人民政府　四川省人民政府关于推进川渝合作共建成渝经济区的协议》。

2007年6月7日，国务院批准重庆市和成都市为全国统筹城乡综合配套改革试验区，8月21日，国家发展改革委员会召集川渝两省市人员，专题研讨了成渝经济区规划编制的相关事宜。

2008年10月，四川省与重庆市共同签署《关于深化川渝合作、加快成渝经济区建设的协议》，进一步明确了川渝合作原则和内容，深化川渝合作，加快成渝经济区建设已成两地共识。

2011年5月30日，根据国务院批复，国家发展改革委员会"发改地区〔2011〕1124号"文件印发《成渝经济区区域规划》。文件指出，成渝经济区自然禀赋优良，产业基础较好，城镇分布密集，交通体系完整，人力资源丰富，是我国重要的人口、城镇、产业集聚区，是引领西部地区加快发展、提升内陆开放水平、增强国家综合实力的重要支撑，在我国经济社会发展中具有重要的战略地位。努力把成渝经济区建设成为西部地区重要的经济中心、全国重要的现代产业基地、深化内陆开放的试验区、统筹城乡发展的示范区和长江上游生态安全的保障区，在带动西部地区发展和促进全国区域协调发展中发挥更重要的作用。

2015年5月21日，重庆和四川签署《关于加强两省市合作共筑成渝城市群工作备忘录》，决定推动交通、信息和市场三个"一体化"。2015年12月26日，成渝高铁正式通车运营，这是连接成渝的第一条高铁。

2016年5月4日，国家发展改革委员会、住房和城乡建设部联合印发《成渝城市群发展规划》，赋予成渝两地的发展定位为：全国重要的现代产业基地、西部创新驱动先导区、内陆开放型经济战略高地、统筹城乡发展示范区、美丽中国的先行区。

2018年6月6日至7日，四川省党政代表团赴重庆市学习考察。其间，川渝签署《深化川渝合作深入推动长江经济带发展行动计划》和12个专项合作协议。

2019年7月9日至10日，重庆市党政代表团来四川考察，双方签署《深化川渝合作推进成渝城市群一体化发展重点工作方案》。2021年12月22日，为共建轨道上的双城经济圈，推动成渝地区轨道交通规划建设，《成渝地区双城经济圈多层次轨道交通规划》印发。

第二节 成渝经济圈产业合作的可能性

一、经济圈内各方发展的需要

随着区域经济一体化步伐的加快，在长三角、珠三角、京津冀不断发展的同时，长株潭城市群、武汉城市群、沈阳城市群、山东半岛城市群、关中城市群等区域经济体不断涌现，一体化进程速度不断加快，加强区域合作已成加快经济发展的必然趋势。作为西部地区成长潜力最大、经济密度最高、自然资源条件最好的地区，加强合作已经成为区内各方共识，各城市都力争在区域一体化进程中谋求发展先机，抢占新的制高点，力图在新一轮的区域一体化浪潮中谋取一席之地。

自 2005 年川渝双方确定实行高层联席会议以来，两地建立两省市党委、政府高层领导定期联系机制，每年定期召开高层领导联席会议，就双方合作中的重大问题进行沟通。同时，建立两省市政府秘书长协调机制、部门和行业对口合作机制，加强两地联系，以政府间的体制框架和合作平台，打破行政分割，从组织上协调城市体系间的经济联系，促进分工合作，发挥成渝经济圈内资源互补优势。

二、经济互补性强

成都在科技、金融、商贸、文化教育方面优势明显，对四川具有明显的辐射带动作用，是西部商贸、金融、交通、通信枢纽。重庆制造业基础雄厚，工业水平较高，是西南交通枢纽和贸易口岸，向东可与武汉、长株潭城市群相接，向南经西南出海通道与环北部湾经济区、云南相连直达东南亚，是西南地区连接华中、华南、东南亚的枢纽，在"10+3"合作框架下，更显示出重庆在西部地区的重要性。

交通方面，重庆是水、公、铁、空、管综合交通枢纽，依托长江黄金水道通江达海，物流成本相对较低；成都是西部交通枢纽，拥有发达的铁路和通信系统及航空优势，区域内拥有丰富的长江干支流港口和各支线机场资源。重庆是四川的出海通道，四川为重庆提供强劲的物质支撑。资源方面，成渝经济圈及其辐射区域内矿产森林资源丰富，生物种类繁多，是我国自然人文景观最丰富和联合国保护遗产最多的旅游资源富集带，加强双方合作有利于发挥区域内丰富的资源优势，依托雄厚的产业基础及强大的科研实力为基础，可发展资源加工型产业，提高产品附加值，提高产品国际竞争力。产业方面，虽然存在产业同构现象与结构不合理劣势，但其优势互补，尤其是工业互补优势明显，具有合作的基础。同时，重庆的产业基础比较扎实，为成都发展贸易和现代化物流业创造了得天独厚的客观条件；成都具有巨大的消费市场，为重庆工商业提供了广阔纵深的市场空间。政策方面，重庆作为西部地区唯一的直辖市，行政管理层级少，工作相对效率较高。加强成渝经济圈合作，既可充分利用西部大开发的政策整合优势，又可发挥重庆的直辖优势。

三、文化同构性

成渝经济圈建设有良好的人文地缘优势。成渝从古至今本是一家，有着浓厚的历史渊源和相近的民俗风情及生活方式，地缘相近，人文相亲，它们之间的经济、文化联系具有悠久的历史，在长期的交往中，孕育了"血浓于水"的特殊感情。共同的文化传统促进了两地人民在经济、技术、文化、人才等许多方面的合作与交流，共同促进其经济的发展和社会的进步。特别是成渝高速、铁路等快速公路的建成通车，成渝形成了以高速通道为纽带的交通新格局，加之成渝两个超大城市一体化关系的形成、完善和发展，将产生一加一大于二的效果，增加了两市的辐射能力和带动能力。

四、资源、功能的互补

四川和重庆原是一个同省级单位，其资源分布有其自然的特点，其产业布局则是在统一规划下形成的。因此，两地在资源和城市功能以及其他生产要素方面存在相当强的互补性。

一是资源互补。川渝地区是我国矿产资源、能源资源的富集地区，是生物资源多样性地区，但由于地理原因，资源禀赋各异，各有优势，不可截然分开。比如重庆天然气资源占优，四川的水能资源最富，双方在利用资源发展经济中各有所需，可以互补共享。

二是城市功能的互补。从产业结构上看，随着国家的产业布局和经济区经济的发展，成渝地区形成了各自的产业特点。重庆第三产业的比重低于以第三产业的迅速发展为主要特征的成都，两城市间的产业有一定的分工，如从第二产业内部结构看，重庆以重型工业为主，而成都则以轻型工业为主。从产品发展上看，重庆以汽车、摩托车、能源加工、高新技术等行业为支柱，而成都则侧重于电子信息、医药、食品、机械等行业。成渝两区间保持良好的功能互补，对于其今后的发展十分有益。

五、基础设施的日益完善

成渝经济圈水道有长江及嘉陵江、岷江、沱江、乌江等各支流；铁路有 1952 年建成的成渝铁路，以及后来的襄渝、渝怀、渝遂、渝黔、内昆、隆纳、宝成、成昆、成达万铁路；公路有成渝高速公路、成南渝万高速公路；航空有成都双流国际机场与重庆江北国际机场等的川渝航线；管网通道有川渝间输气（油）管道、川渝输变电网、川渝间邮电通信网络等。这种全方位、立体性、方便快捷的基础设施，是川渝经济联系的神经。同时，川渝两地资源的共享性，是西部其他地区都无法与之相比的合作配套基础。四川和重庆可充分利用这些有利条件，整合资源，优势互补，长江上游城镇密集带的构建和崛起指日可待。

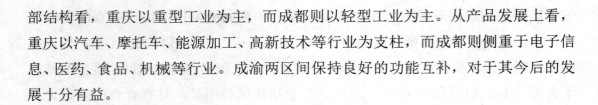

第三节　成渝经济圈产业合作面临的障碍

一、行政壁垒

地方保护主义在区域经济合作中可以看作是地方政府由于缺乏合作观念所带来的政府道德风险问题，即地方政府行为异质性，通常是指地方政府运用行政的、经济的和法律的多重手段，人为地干预甚至阻碍地区间要素的合理流动和正常的商品贸易往来，从而肢解和分割市场的种种行为，正是由于存在这种行政区划对区域经济的刚性约束，地方政府之间的不良竞争直接导致各城市之间竞争激烈，无形中浪费了大量资源。四川与重庆这两个地理位置毗邻的区域，曾一度分分合合，盲目竞争，使得双方的长久利益都相互抵消。成都、重庆在内的西南六省区七方经济协调会建立于 20 世纪 80 年代，已经连续 21 年没有中断。重庆成为直辖市后，四川省和重庆市开始各自追求产业结构，从而使得原来的城市分工基础受到破坏，城市群的产业结构趋同，更无法形成具有层次结构的产业集聚。

因为行政壁垒和地方保护主义盛行，成渝经济圈的板块由原来的省内经济区变成省际经济区，阻碍了生产要素的合理流动，不利于资源的优化配置。打造西部增长极，共建成渝经济区，不仅要清理和废除阻碍区域经济合作的文件和制度，增强政府合作意识，打破行政壁垒；还要加大宣传力度，增强成渝经济圈在民众中的影响力，加强民间交流与合作，真正实现"地域相邻、人缘相亲、经济相融、文化相通"的地缘优势，达到淡化行政区域概念，增强经济区域观念，自觉打破行政藩篱和体制机制障碍，促进人流、物流、资金流在经济圈内更加畅通和融合的目的，最终促进成渝经济圈的发展。

二、区域发展不平衡，"二元结构"特征突出

成渝经济圈内部地方政府间密切的经济交往对成渝产业的健康协调发展起到了重要的作用，厘清地方政府在合作中的角色定位就显得尤其重要，只有充分发挥其资源优势和各自特色，才能加强区域联系，促进产业协调发展。

成渝经济圈是典型的双核区域，成都、重庆担负着发展自身、带动周边的责任，其他城市由于环境、资源、地理等因素限制，若想取得较快发展，地方政府必须形成与成都、重庆的紧密联系。

成渝经济区虽然存在成都和重庆两大核心城市并且这两个城市的经济发展具备一定的经济辐射能力，但是由于内部的其余城市的经济发展程度和经济发展能力明显不足，所以整个区域依旧处于经济的"集聚"阶段，城市"辐射"严重缺失。

与长三角、珠三角等相对发达地区比较，成渝经济圈内部各区域之间发展极不平衡。重庆都市发达经济圈9区和成都都市区9区面积仅占成渝经济圈的4.47%，经济总量占全区域的31.34%，人均GDP、经济密度、人口密度、工业化和城市化进程等指标已相当于甚至超过沿海发达地区的平均水平，而面积占成渝经济圈95.53%的其余地区发展明显滞后，产业结构不合理，城乡差距大，无论第一产业从业人员还是增加值比重都较高。

三、市场发育程度低，市场对资源的配置功能弱

加深区域间产业发展的互动，需要地方政府构建长效互动合作机制。完善的互动机制可以使区域产业在投资建设、项目互动、产业集群、中心城市建设、县域经济发展等多个方面实现优势互补和产业结构的优化，深入加大经济领域内全方位互动交流。

由于成渝地区的地理位置、民俗民风以及行政区划等多方面因素，导致多年来两地的行政之争、地位之争和资源之争频繁发生，这些纷争所反映出的政府间合作缺失，正是互动机制的缺乏。由于缺乏长效合理的互动合作机制，成渝经济圈在没有为自身带来经济发展的同时，也大大阻碍了地区间顺利合作的进行，使得区域间产业发展仅能停留在表面层次并且很难深入，所以要想构建新型的合作关系和合作机制，发挥两大都市圈双核增长极的作用，必须建立两地合作的互动机制。

成渝经济圈市场面临的障碍主要表现在三个方面：一是市场微观基础还未发育成熟，主要体现在所有制结构不合理，国有经济占 50% 左右，仍是经济区经济发展的主体。二是市场载体发育不成熟，主要体现在资本市场发展滞后，国有投资比重大，外资利用规模小，民营投资乏力；商品交易市场发育滞后，规模小，档次低，辐射半径小。三是市场一体化程度低，行政单元之间企业准入受行政"块块"和"条条"的分割影响，重复建设、产业同构现象较突出。

四、资金短缺，缺乏资本支撑

由于现实条件下各种因素的影响，各行政区域的生产要素禀赋存在着较大的差异，这种生产差异直接通过生产要素的价格体系和收益体系反映出来，相对来说，充裕的要素在一个区域价格较低，密集使用该类要素的收益也较低；相对稀缺的要素价格较高，收益相对较高。所以，生产要素一般总是从低价格地区流向高价格地区，进而带来的收益流向也是从低收益区流向高收益区，这种生产要素的流动导致了区域经济合作的产生，从根本上说，追求更多的收益是生产要素跨区域流动与重新组合配置、进行区域经济合作最主要的目的和最基本的动因。

五、产业同构严重，产业结构不合理

地方政府走向合作的根本原因是为了各自地方经济的发展，为了各自的经济利益考虑。在具体的经济发展实践过程中，为谋求彼此合作发展，顾及并整合不同地方政府的现实要求，最终达到满足各自需求又不失平衡的状态，是合作中的地方政府难以理性权衡的问题。一方面，地方政府的共同利益需求包括了诸如教育问题、环境保护问题、港口建设问题、交通建设问题等，推动地方政府持续自愿自觉合作。另一方面，地方政府代表了地方经济利益，因而会有着追求自身行政范围内经济利益最大化的强烈意愿，为了使得本地的经济利益最大化，各地方政府不惜竞相利用行政权力，使得地方政府合作不可避免地遭遇困境。以成渝经济圈为例，以成都为中心的公路、铁路交通枢纽和重庆得天独厚的航空、水路交通网，为成渝经济圈合作奠定了方便快捷的运输渠道，但这并不意味着成渝经济圈的合作进行得十分顺利。对于自身利益，两地政府都给予了最大化的关注，通过对产业结构相似系数、工业行业区际分工程度的分析，充分说明了成渝经济圈由于政府间合作意识的缺乏导致两地产业同构仍然比较严重，重复建设和资源浪费的现象仍然存在，而产业同构现象又会进一步削减地方政府合作的意愿。另外政府间合作产生的大量费用（如政府寻找合作伙伴而产生的搜寻成本、合作谈判成本、合作监督成本）也导致政府面临合作困境。

成渝经济圈存在产业同构、产业结构不合理现象，一、二、三产业相关系数分别为 0.91、0.41、0.98，产业同构现象一、三产业更为明显，尽管第二产业内部相关系数仅为 0.41，但工业行业内部存在多种行业同构现象，如煤炭开采和洗选业、饮料制造业、非金属矿物制品业、医药制造业、通用设备制造业、燃气生产和供应业等。

同时，成渝经济圈产业结构不合理，呈现为"二、三、一"的产业结构，且第一产业比重较大，二、三产业发展滞后。除成都、重庆一小时经济圈产业结构相对合理外，其他地市产业结构明显不合理，有待优化才能提升整个经济圈的产业结构与经济发展水平。

六、基础设施落后，制约合作进程

尽管成渝经济圈基础设施日益完善，但相对于经济发展和要素流动的需要而言，其基础设施建设尚处于落后阶段，制约了经济区一体化进程。虽然成渝经济圈中成都和重庆均属于全国 45 个公路主枢纽节点城市，在全国公路网络布局中占据重要地位，但其每万人拥有公路里程和每万人拥有铁路里程均低于全国平均水平。一方面，成渝经济圈对外交通不畅，制约了成渝经济圈与外界的联系；另一方面，内部交通亦欠缺，构成内部经济交流合作的瓶颈。

第九章 成渝经济圈农业技术推广服务对经济发展的影响及对策

2020 年 1 月 3 日，习近平总书记在主持召开中央财经委员会第六次会议时指出，要研究推动成渝地区双城经济圈建设，在西部形成高质量发展的重要增长极；要加快建设现代产业体系，建好成渝现代高效特色农业带。这明确了成渝地区双城经济圈现代农业发展的战略定位。

第一节 成渝经济圈农业全要素生产率测算

一、指标选取与数据来源

本书利用 DEAP2.1 软件测算成渝地区双城经济圈农业全要素生产率及其构成。目前关于成渝地区双城经济圈的行政区划具体范围尚未明确，为了充分论证和便于掌握统计数据，本研究所涉及的成渝地区双城经济圈范围均参照成渝城市群规划范围，即主要有重庆、成都两大大型核心城市，包括自贡、泸州、德阳、绵阳、遂宁、内江、乐山、南充、眉山、宜宾、广安、达州、雅安、资阳等城市。

由 DEAP-Malmquist 指数法具体要求可知，农业全要素生产率及其构成的测算需要使用到农业生产投入指标和产出指标，选取农林牧渔业生产总值作为农业产出指标，单位亿元；选取农作物总播种面积及农林牧渔从业人员数、化肥使用量、农村用电量和农业机械总动力作为农业投入指标。土地投入以农作物总播种面积计算，单位千公顷；劳动投入以农林牧渔从业人员数计算，单位万人；农用化肥投入以本年实际用于农业生产的化肥施用量计算，单位万吨；电力投入以农村用电量计算，单位亿千瓦时；农业机械投入以农业机械总动力来表示，单位万千瓦。

二、指标描述

从变化趋势分析上来看，重庆农林牧渔总产值、化肥施用量、农村用电量和农业机械总动力都是逐年增加的，而重庆农作物总播种面积则是逐年下降的。重庆农林牧渔从业人员数也是逐年减少的。成都农林牧渔总产值、农村用电量和农业机械总动力是逐年增加的，而成都农作物总播种面积和农林牧渔从业人员数是逐年下降的。

成渝16个地级市农业全要素生产率指数均明显大于1，年平均增长率为6.9%，主要是技术进步和技术效率共同影响的结果，其中农业技术进步年均增长率为7.3%，农业技术效率年均增长率 -0.4%。成都、自贡、乐山和宜宾的农业全要素生产率增长较高，增长率分别为 10.7%、8.9%、8.8% 和 8.8%，这与成都、自贡、乐山和宜宾具有较高的技术进步效率有关，分别增长 9.2%、8.9%、8.4% 和8.6%。重庆、德阳、达州、雅安和资阳农业全要素生产率均低于整体平均增长率，增长率分别为 5.0%、5.0%、4.4%、1.4%、5.1，低于增长率平均值6.9%，主要是由于重庆、德阳、雅安的技术效率增长率都落后于成渝地区技术效率增长率平均水准，技术效率增长率分别为 -3.8%、-1.4% 和 -3.5%，而达州和资阳的技术效率增长率高于成渝双城经济圈平均增长率，但是达州和资阳的技术进步效率均低于成渝双城经济圈平均增长率，分别为 3.8% 和 5.1%。由以上的结果分析可知：技术进步是引起成渝地区农业全要素生产率增长的主要原因，而技术效率在一定程度上抑制了农业全要素生产率的增长。

地理条件等因素对成渝双城经济圈农业全要素生产率所产生的影响较为明显，相邻地区的地理条件与自然界环境类似，各地区所能达到的技术水平差别比较小，正因为差别小更加容易形成规模效应。南遂广城镇密集区包括南充、遂宁和广安，其农业全要素生产率分别为 1.078、1.082 和 1.071，农业技术进步率分别为 1.064、1.078 和 1.063，农业技术效率分别为 1.013、1.004 和1.008；川南城镇密集区包括泸州、宜宾、自贡和内江，农业全要素生产率分别为1.069、1.088、1.089 和 1.078，农业技术进步率分别为 1.074、1.086、1.089和 1.087，农业技术效率分别为 0.995、1.002、1.000 和 0.992。根据结果分析可以看出，相邻地区的农业全要素生产率水平差别小，容易在该地区形成农业资源集聚效应，有效提升了该地区农业在市场上的比较优势。应加强合作，从而实现科技资源共享，更好地利用其实现农业生产的区域化和一体化。

三、成渝双城经济圈农业全要素生产率及其构成的 Malmquist 指数

近年来，成都和重庆作为中国内陆两大城市双子星、新兴的一线城市，两地无论在市场规模、政策运用和经济发展等方面相较于其他城市都具有较大优势。因此，下文将进一步分析成都和重庆的农业全要素生产率变化情况。

（一）成都农业全要素生产率变动趋势

样本观察期内，成都市的农业全要素生产率已经呈现出在波动中有所提高的趋势。尽管成都建立了完善的农业产业圈层体系，并和相关部门合作进行农业技术创新，但成都农业在农业资源配置方面存在不合理，技术推广效果不明显，前沿农业技术适应性改良有所欠缺，未来需要继续加强农户科技素质。从长期来看，要有效提高成都农业全要素生产率，提升农业技术效率是未来改善农业发展的重要方向。

（二）重庆农业全要素生产率变动趋势

样本观察期内，重庆市的农业全要素生产率已经呈现出波动中持续上升的变化趋势。2007 年之后保持了增长态势，但整体而言，增长速度放缓，这说明了依赖传统式的粗放式增长在后期不可行，需要进行结构调整优化来实现可持续增长。重庆市的农业全要素生产率呈现出较为稳定的提升态势，主要是因为农业生产受到了国家的重视，政府进一步加大了农业改革力度，加强了农村科学教育，鼓励农民使用新产品、新技术，以此促进农业技术进步的增长。可以看出，重庆市农业全要素生产率受自然灾害影响较大，一定程度上反映了农业基础设施较薄弱。

从总体上来说，成都和重庆两者的农业全要素生产率都呈现出波动中增长的态势。成都农业全要素生产率年均增长 10.7%，重庆农业全要素生产率年均增长 5%，两者都呈现出增长态势，这与两地农业结构优化、农业政策改革等密切相关。此外，成都农业技术效率年均增长 1.4%，重庆农业技术效率年均增长 3.8%，两者的农业技术进步年均增长均为 9.2%，技术进步能够弥补资源稀缺所带来的阻

碍，但是技术效率不高也反映出科技成果转化效率低，农户缺乏资金支持，培训力度不足，机械化生产应用存在阻碍等问题。成都和重庆农业全要素生产率受自然灾害影响较大，一定程度上反映了农业基础设施薄弱，其农业技术效率有待进一步提高。

第二节　成渝经济圈农业技术进步基本情况

一、成渝经济圈农业技术进步现状

"十三五"期间和"十四五"初，成渝地区农业经济发展取得显著成就，很大程度要归因于农业技术进步状况。当前成渝地区农业技术进步，以农业科技资金投入的稳步加大带动了农业技术发展的全面进步，这主要反映在农业技术创新能力的提升，形成以科研机构带头、农业生产者共同参与的良好创新环境；农业科技成果转化应用于农业生产的效果明显增强，以农业技术推广体系的形成提升农业技术部门与生产者的互动空间，助推农业科技作为第一生产力的最终实现；农业信息化水平得到深化，网络新技术广泛应用于农业生产的整个过程，为实现市场变化、生产经验等信息的对等奠定了基础。

（一）物化形态的技术

1. 农业机械化水平逐年提高

近年来，成渝地区工业化与城镇化快速发展，吸纳了农村大量富余劳动力，为促进农业物资技术装备水平创造了有利条件。一是区域农田水利条件明显改善，抵御自然灾害能力显著增强。二是工业化、城镇化发展促使农民非农就业契机大量增加，为农业机械化腾出了较大发展空间。据不完全统计，成渝地区农业机械化总动力达 6 032 万千瓦，单位面积农机动力 4.65 千瓦／公顷。三是农业科技创新能力显著提升，科技支农作用日趋增强。成渝地区汇聚了大量农业院校和科研机构，该地区作物学、生物学等已纳入"世界一流学科"建设，生物育种、农业遥感和信息化等领域也不断取得新突破，农业技术推广体系日臻完善，为成渝地区农业跨越式发展提供了重要的科技支撑。

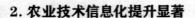

2. 农业技术信息化提升显著

随着城镇化、工业化和信息化速度日益加快，农业技术信息化利用程度也显著提升。近年来，农业信息系统建设提上了重要议程，成渝地区积极构建和完善了农业科技信息服务的网络平台、电话平台、人工服务平台等。逐步建立起了以省为支撑，并有梯度地拓展到县、乡、村的农业科技信息服务网络。农业科技信息服务网络完全依赖于信息技术、互联网、物联网以及云技术等现代信息设施，并以此来整合和分享各类农业信息资源，使得各类农业参与主体之间形成高效协同的合作机制，实现农业生产效率提升。

3. 农业基础设施进一步完善

成渝地区地形复杂多样、旅游资源丰富，具有源远流长的巴蜀文化，农村一、二、三产业融合发展具备有利条件和独特优势。随着农业供给侧结构性改革的深入推动，成渝地区农村新业态、新模式不断涌现，农业"新六产"的框架布局基本形成。境内多地基于地方自然景观、特色产业、地域文化、生态环境和经济水平，实行了差异化农业产业融合策略，推动形成了农村民宿、休闲农庄、观光农业园区、康养基地等形式多样、功能多元、特色各异的产品类型和发展模式，农村产业从单一生产功能朝着休闲、旅游、养生、教育、文化等多功能一体化转变。截至 2021 年末，成渝地区休闲农业和农村旅游业综合经营性收入达到 2 200 亿元，休闲农业在全国独树一帜，产业规模效益继续领跑全国。

（二）组织及管理制度

1. 农业技术投入逐年递增

成渝地区的农业自古以来就在全国占据重要的战略地位，素有"粮猪安天下"的说法。两地农业发展具备比较优势，两地耕地面积 1.09 亿亩，占全国耕地总面积的 5.7%，是西部地区农业生产条件最优、集中连片规模最大的区域之一。两地耕地复种指数较高，形成了夏收作物、秋收作物、晚秋作物一年三季的耕作制度。粮食产量稳定在 4 500 万吨以上，占全国的 6.9%；油料产量在 400 万吨以上，占全国的 12.4%。生猪出栏量常年保持 8 000 万头以上，猪肉产量长期保持在 600 万吨以上。2020 年实现休闲农业和农村旅游业综合经营性收入 1 187亿元，接待游客 5.3 亿人次以上，休闲农业规模效益持续领跑全国。"三品一标"农产品累计 10 062 个，农产品总体抽检合格率保持在 97% 以上，涪陵榨菜、奉节脐橙等农产品区域品牌价值居全国前列。农产品加工业产值与农业总产值比重达1.5∶1。两地农产品进出口贸易额达207.33亿元，增速高于全国平均水平，中欧班列（成渝）累计开行突破1.4万列，列次占全国比重超40%，运送的货物中，农产品占比达到16%。

2. 农业技术创新能力增强

"科技兴农"是成渝地区农业经济发展的重大战略。根据市场供求规律，成渝地区主要农业部门积极确立农业技术创新的领域和创新方向，通过以政府农业科技创新平台为载体，联合高等院校、科研院所，不断加强农业科研人才培养，建成了一批农业科技成果推广转化的实验基地，基本形成了成渝地区农业的多层次、广领域的产学研创新体系。

共建国家农业高新技术产业示范区。加强农业种质资源保护开发利用，建设西南特色作物种质资源库和区域性畜禽基因库。支持建设区域农作物和畜禽种业创新中心、国家杂交水稻工程技术研究中心重庆分中心。建设国家现代农业产业科技创新中心、畜牧科技城、国家级重庆（荣昌）生猪大数据中心。打造西南丘陵山地现代农业智能装备技术创新中心。大力发展智慧农业，加强相关基础设施建设，推动数字农业提质增效。

3. 农业技术成果转化加快

加快农业科技成果迅速转化是实现农业提量增质的重要举措。为促进农业科技成果转化于现实的农业生产之中，成渝地区在充分利用国家和省级下达的科技成果转化专项资金条件下，努力推进农业科技成果转化平台的建设，并初步确立了农业专家库咨询制度和农业科技推广员制度，保障了农业科技创新成果顺利地向农业生产活动转化。

健全农产品质量安全追溯体系，加强成渝地区农产品质量安全追溯体系一体化建设。做强地理标志农产品和中国气候好产品产业，打造"川菜渝味"等区域公用品牌，实施地理标志农产品保护工程。大力实施农产品产地仓储保鲜冷链物流设施建设，建设国家骨干冷链物流基地。支持电子商务企业开拓农村市场，加快发展农村现代物流业，构建农产品现代流通体系。扩大农业开放合作，推动成渝农业"走出去"和"引进来"。

（三）农业人口的素质

成渝地区大力发展农村教育，加强农村地区学校基础设施、教师队伍建设，重点帮扶贫困学生，注重提高教学质量，农村人口受教育程度、综合素质不断提高。成渝地区在推广农业技术转化进程中，积极制定了农业科技创新与转化推广联席会议制度，并在此基础上，组建了一支高素质的农业科技推广队伍，基本建立了"以县为中心、乡为纽带、村为基础"的农技推广服务体系。此外，随着农业科技园日益成为现代特色农业发展的重要区域，它也逐步成了农技推广的新载体。

二、成渝经济圈农业技术进步约束因子

成渝地区农业技术进步在科技创新、成果转化应用等各方面都有了较大的改善，但目前仍然存在一些制约性因素。根据农业技术扩散理论，技术进步会受到供给约束和生产对技术进步的需求约束，其次还要受到环境条件的制约。

（一）供给约束因子

成渝地区农业科技技术的创新具有一定的周期性和复杂性，使得成渝地区农业技术供给方面出现技术结构不合理现象：单项技术多、综合配套技术少；产中技术多，产前、产后技术少；数量型技术多，效益型技术少；常规技术多，高新技术少，尤其是技术水平高、适用范围广、有重大开发价值的突破性成果少。科技成果的有效供给呈不足状态还表现在：科技成果的开发与现实农业生产的技术需要脱轨，没有及时满足生产中农户的科技成果需求。

另外，作为农业科技成果的主要供给者，农业科研单位存在着学科设置比较陈旧，研究方向与现实的农业生产导致一些农业科技成果只能停留在科技成果阶段上，难以进入农业生产领域应用。

（二）需求约束因子

农民需求意识淡薄。主要表现在：对农业技术接纳度的主动参与度不够，在农技推广过程中，大多数农民通常采用跟进使用和被迫使用两种方式去适应农业技术发展，不愿意主动承担风险，不率先采用新技术。由于农民自身素质不高，

在技术推广过程中存在与技术人员沟通不畅的现象，盲目性较严重，对新方法、新技术消化吸收能力也较弱，影响了农业新技术在更广阔的范围内使用。

农民需求能力弱。成渝地区农业小规模、分散经营的情况长期存在，农户经济实力弱，承担不起新技术要求增加的物质投入，尤其是因经济实力弱而导致的抗风险能力较差，在缺乏社会保障的情况下，极大地抑制了小农户采用新技术的积极性。

（三）其他约束因子

农业技术运行机制制约。农业科技运行机制不健全，其以农业技术创新和转化推广工作表现最为突出，尽管农业技术推广制度目前在成渝地区已基本确立，且技术推广工作也取得了一定成效，但在农业技术推广过程中还存在严重的缺位、错位、越位等现象，农业技术推广与农户生产脱节现象严重。

农技推广队伍素质制约。尽管成渝地区农技人员人事问题得到基本解决，原有"线断、网破、人散"的农技推广局面也有了较大改善，但目前农技推广人员在数量上还明显不够。同时，农技推广人员在知识结构与年龄层次上也不能满足现代农业发展需要，青年人才、基层人才流失严重。

农业科研投入不足。从科技三项经费指数情况看，成渝地区科技三项经费财政支出占当年财政总支出比例比全国平均水平略高，但低于江苏、山东等其他发达省份。科研投入不足极大地制约了成渝地区农业科研水平和科技储备。

第三节　成渝经济圈农业技术与经济发展的作用机理

一、成渝经济圈农业技术促进经济发展的内在动力

（一）农业技术进步通过改变农业生产要素的质量来促进农业经济发展

农业技术进步对农业经济发展的促进作用首先体现在对农业生产要素的改善上。农业生产涉及的生产要素包括四大类型：作为自生性要素的自然资源，作为

再生产要素的劳动力、资金和技术，作为牵动性要素的市场，以及作为制动性要素的组织和管理。技术进步会改善以上要素的存在形态，从而提高它们作用功能的意义十分明显。对于自然资源，技术进步体现了人类认识自然、改善自然的能力增强，在此基础上，人类将不断开拓对自然资源改造和利用的视野，提高对自然资源的利用能力。对劳动力来讲，技术进步对其形态的改善主要是提高农民素质，使其知识化、技能化。对资金来讲，技术进步主要是提高其有效产出和使用效率。对市场要素来讲，技术进步会使农产品质量提高、增加批量和降低成本，也就是增强了产品的市场竞争力和开拓力，市场的形态和作用功能也就不断得以完善。

总之，要实现农作物、牲畜、鱼类、林木的良种化，就必须利用现代育种学、遗传学的科学成就；要对中低产田进行改造，就要采用现代土壤改良的先进技术；通过采用农机代替手工或牛劳作，促进劳动生产率的提高，有利于农时提高作业质量；通过先进技术和手段，有效地对森林、草地、山地、湖面和海域等资源加以综合利用，提高资源的利用效率；技术进步还可以提高农业劳动者的素质，使其知识化、技能化，推动农业发展。

（二）农业技术进步通过改善农业生产要素的组合状况和改变农业生产过程中各个环节来促进农业经济发展

农业生产要素在不同的地域内其组合状况是不一样的，不同的组合状况对农业经济发展的作用不一样，技术进步可以改变区域农业生产要素的组合状况，克服稀缺要素对农业生产的限制，提高区域农业要素的组合功能。比如，发展教育就可以克服农民素质低下的缺陷，开辟交通、发展通信就可以克服地理位置的不足，人工降雨、修渠筑坝就可以克服水资源对农业发展的限制。

技术进步不仅越来越多地渗透到农业生产要素中，改善农业要素的组合比例，而且越来越多地渗入农业生产经营的各个环节中。在农业生产环节上，只有依靠科学技术进步才能加强农田水利基本建设，防止水土流失和土地沙化，促进农业的良性循环，实现农业生产的专业化、规模化和生产组织的科学化和社会化；在农产品加工环节上，只有依靠技术进步才能开发多品种、高技术含量、高附加值的农产品；在农产品流通环节上，只有依靠技术进步才能发展先进的交通工具和设施，建立多功能、多渠道的市场信息网络；在服务环节上，只有依靠技术进步才能为产前、产中、产后的管理工作提供高质量的社会化服务。更为重要的是，只有依靠技术进步，才能使农产品的生产、加工和销售诸环节贯通一气，形成一体化的经营体制。通过改变农业生产的各个环节与各环节的联结方式，促进农业经济稳定发展。

（三）农业技术进步通过改善农业产业结构来促进农业经济发展

农业是一个包括多个产业部门的大系统，其结构的变动也带来了结构功能的变动。通过农业技术进步，农业增长的质量会随着农业产业结构的优化而提高。在市场经济条件下，假设农业是一个封闭的经济部门，则在需求弹性很小的情况下，技术进步将引起农业生产要素从该产业部门中流出，而在需求弹性很大的情况下，农业技术进步导致农业生产要素流入该产业，所以技术进步会导致农业生产要素在农业内部各产业部门之间进行流动（也包括农业与非农业部门间的要素流动）。在这一流动过程中，一方面使那些低效益的产业部门提高生产率；另一方面又使流入这些产业部门的产出增加。在现实农业生产中，上述两种倾向互相交融。在农业生产要素可以自由流动的情况下，技术进步能够促进农业生产要素在不同产业部门之间流进流出，在新的要素组合基础上又带来一个新的农业增长额，在各个产业部门之间形成了良性循环，带来农业经济结构的稳定，使农业出现稳定均衡增长。

对农业内部这种良性循环系统的形成机理，我们以农业内部的种植业与畜牧业两个产业部门之间良性循环系统的形成过程为例。从种植业的外部输入农业技术进步成果，如良种、化肥、农药等的投入，在生产过程中提高了种植业的生产效率，结果种植业得到了较大发展，外部表现为农业经济增长；从畜牧业的外部输入农业技术进步成果，如良种、防疫药物、廉价饲料等的投入，在生产过程中提高了畜牧业的生产效率，结果畜牧业得到了较大发展，外部表现为农业经济增长。站在畜牧业和种植业这两个产业部门之间的关系的角度来看，种植业在技术进步作用下，作物产量大为提高，从而为畜牧业的发展提供了大量的廉价饲料，而大量廉价饲料又会提高畜牧业生产效率，从而提高了畜产品产量和提高大量动物粪肥，这些动物有机肥料给农作物生产的土地资源的永续利用提供了充足的有机质补充物；畜牧业在技术进步的作用下，会大幅度提高畜牧产品和动物有机肥，这些都是种植业进一步发展需要的条件基础，而种植业的发展会提供廉价的饲料，或提供更多的土地，进一步促进畜牧业的发展。就这样，种植业和畜牧业各自内部由于科技进步改善了自身的系统，也同时改善了农业内部种植业与畜牧业两个产业部门之间的关系，农业大系统本身的功能也由此得到提高，结构得到改善，导致功能增强，在外部表现为农业经济增长。这是农业内部种植业与畜牧业之间良性循环的形成激励，其他产业部门及次级产业部门也有相同的机理。

总而言之，农业技术进步是通过提高农业生产要素质量、改变农业要素组合状况、改善农业产业结构等效应推动农业经济发展。

二、成渝经济圈农业技术促进经济发展的具体表现

（一）粮食产量稳步提高

四川不仅是西南地区重要的粮食产量基地，同时也是我国十三个粮食主产区之一，其粮食产量在全国总量中占有重要比重。2021 年，全省粮食产量居全国第九位，总产量达 358 亿千克，具有粮食播种面积扩大、粮食单产提高、粮食总产量增长等特点。近些年，随着农业技术资金投入、人员投入和政策扶持，农业科研力量不断整合并得到显著提升，尤其是杂交水稻育种技术现已位列全国前茅。目前，四川实现杂交水稻种植面积 46 万亩，其产量、省内输出量和国际出口量均位居全国第一。

（二）特色农业之路取得显著成效

近些年，我国农业技术发展速度加快，嫁接、转基因等技术下的农作物逐渐进入农业市场，并且我国所处地理位置更适合农作物的生长，农作物的产量得到提高，从而增加了农产品的出口量。政府部门需要加大对农业技术推广投资的力度，促进农业技术发展进步，这样农民在种植的过程中丰富了农作物的种类，例如草莓、樱桃等经济价值更高的农作物，提高了经济收入，确保农业经济得到增长，进而提高土地资源的利用率。

随着西部大开发战略向纵深推进和成渝经济区发展战略的全面实施，紧紧抓住这一战略机遇期，大力发展现代农业，积极探索特色优势农业，全面深化农村改革，促进特色农业现代化、产业化。四川省优势特色农业逐渐由过去的零星点状分布，向现在的带状、块状集聚发展，初步形成了一批生态有机、特色鲜明、高效集约、产值突出的现代农业产业园和产业带。

种植业。充分利用优良的农耕条件，大力发展粮油蔬菜等种植业，稳定提高粮食生产能力。加强粮油生产，稳定种植面积，加大标准农田、种子和植保工程

实施力度，推广高产高效栽培技术，实施农机化推进工程。在川西平原和沿长江、成南（遂）渝、成内渝、渝广达发展带建设优质稻、玉米、小麦、马铃薯、大豆、油菜、花生生产基地。大力发展蔬菜生产，建设万州、涪陵、巴南、江津、合川、潼南、铜梁、石柱、成都、德阳、眉山、资阳、自贡、内江、南充、宜宾、达州、广安蔬菜标准化生产基地。

畜牧业。充分利用现有基础，积极发展现代畜牧业。重点发展生猪生产，在江津、合川、梁平、开县、云阳、成都、眉山、资阳、遂宁、南充、达州、广安建立优质商品猪生产基地，在万州、涪陵、渝北、巴南、荣昌、绵阳、资阳、遂宁、乐山、内江建立优质生猪良种繁育供应基地。大力发展牛、羊、兔等养殖，建设万州、大足、丰都、云阳、石柱、眉山、资阳、自贡、南充、达州优质肉（奶）牛、肉羊生产基地。在荣昌、内江、遂宁建设现代畜牧业示范区。积极发展家禽养殖，建设标准化规模养殖场（小区）。支持国有农场发展生猪、奶牛生产。加大疫病防控体系建设，确保畜牧业生产安全。

水产业。依托江河、池塘等水域，大力发展高产、优质、生态水产养殖业。加大长江、嘉陵江、岷江、乌江、沱江等江河及大型水面的人工增殖放流力度，在江河、水库、湖泊发展生态渔业，建设三峡库区天然生态渔场和成都、宜宾、广安等生态渔业基地。积极推进规模化养殖，在中小型水库发展生态养鱼，建设涪陵、江津、合川、永川、綦江、潼南、铜梁、大足、成都、德阳、绵阳、眉山、乐山池塘优质高产养鱼示范基地。鼓励发展稻田生态养鱼，建设相对集中成片的稻田生态养鱼示范区。支持发展观赏鱼、特种鱼养殖，建设长寿、合川、铜梁、成都、德阳、绵阳、眉山、雅安、自贡特种鱼养殖基地。完善水产品质量监督管理体系，建设渝北、成都等大型水产交易市场。

林果花卉业。发挥资源优势，加快发展干鲜果品、茶叶、花卉苗木、木竹工业原料林等特色产业。大力发展果品生产，建设万州、长寿、江津、忠县、成都、眉山、资阳、南充、广安优质柑橘基地，加强三峡库区柑橘非疫区建设。扩大水蜜桃、猕猴桃、柠檬、葡萄、枇杷、荔枝、龙眼等特色水果生产规模。支持茶叶产业发展，建设优质茶叶基地。鼓励发展花卉苗木生产，培育形成产业基地。积极发展黄连、川芎、天麻、金银花、丹参、麦冬、白芷等中药材种植，支持发展笋竹、苎麻、蚕桑、花椒、核桃、油橄榄等经济林果生产。

（三）农业集约化水平程度提高

政府对农业技术推广投资能够丰富农业市场的多元化，限制垄断市场的情况出现。农民在自由的市场环境下扩大了农产品的选择范围，并且不断加大技术推广投资的力度、能够降低部分农产品的价格，满足人们的生活需求，提高人们的生活质量。新鲜的农作物更符合消费者的购买标准，同时带动了消费增长，改变曾经物资匮乏的现象。农民跟随时代的发展需求，在生产过程中不断提高自身技术水平，实现转型和升级，将学习的思想理念贯彻到发展农业技术推广投资过程，农民思想观念的转变进而提高我国农业教育的收入，对传统的农业经营方式作出改变，提高农民的经济收益。

成渝地区地形复杂多样，平原、丘陵、山地、高原兼而有之，气候多样性和生物多样性极为突出，气候资源和生物资源优势为发展集约化农业提供了良好的自然条件。在充分利用这些资源优势条件下，依赖于技术进步，不断提升土地利用率，逐步形成了高度集约的现代农业生产模式。目前，耕地保障了全国 6.6% 人口的粮食供应，同时，现代农业技术的引入，农业复种指数显著提升，极大地增加了粮食产量。

（四）农民人均纯收入稳步提高

农业技术推广投资主要目的是使农民能够掌握技术和操作的方法，要明确推广的目的，加深对农作物的研究。在新的时代下，农民需要掌握新的农业生产方式，应用新型技术实现农业产业增产的目标。与此同时，基层农民也要紧跟农业技术发展的目标，根据种植农田的实际情况和其自身的特性，选取最合适的农作物，应用先进的农业技术提高生产效益。此外，农民在选种过程中要更加科学合理，农民还需要做好农作物防病虫害等工作，加大宣传的力度，增加销售的方法。

农民收入稳定增长的原因是随着农业技术发展和应用，建成了一批优势突出、特色鲜明的农产品生产和供给基地，蔬菜、水果、油料等特色效益农业保持较快发展势头；生猪、牛、羊、家禽以及水产品继续得到了大力发展。助推了现代农业产业发展和农民收入增长。

第四节　成渝经济圈农业技术促进经济发展的对策

一、农业技术推广促进农业经济增长的目标与基本原则

（一）农业技术推广促进农业经济增长的目标

农业技术推广促进农业经济增长的目标是对策研究的逻辑起点。目前，经济增长已经进入新常态阶段，农业发展要实现转型与升级，摆脱资源与环境约束，实现农业经济可持续性和有质量的增长，最终的落脚点就是要依靠农业全要素生产率的持续快速提高，而在土地、劳动等资源不变的前提下提高农业全要素生产率则需要依靠创新活动，即以农业技术创新来优化生产要素组合与提升生产要素效率，替代自然资源与生态环境要素，挖掘各类要素潜能，实现创新驱动农业经济增长。

结合我国农业发展的现实情况，我国环境友好农业技术创新促进农业经济增长的目标是：在科学发展观指导下，注重环境与农业资源的合理利用与培育，以环境友好农业技术的开发为起点，构建以政府主导型环境友好农业技术创新模式，推进环境友好农业技术成果转化和应用，逐步缩短环境友好农业技术创新对农业经济增长的滞后期，提高环境友好农业全要素生产率，在继续强化农业经济效益的同时，充分重视和挖掘农业生态效益与社会效益，从而实现农业经济长期稳定的增长。

（二）农业技术推广促进农业经济增长的原则

1. 环境友好与资源节约相统一原则

环境友好与资源节约是环境友好农业技术创新的一个重要特征，在环境友好农业创新系统中，环境友好与资源节约始终是贯穿整个系统的核心理念。这是因为在确保农业可持续发展的战略下，农业作为第一产业，对资源与环境的高度依赖性要求其发展过程必须充分坚持资源节约和环境友好相统一的原则，通过环

境友好农业技术创新，使得农业生产方式由"农业各资源投入—农产品产出—农业废弃物排放"的单向式生产过程向"农业环境友好资源投入—环境友好农产品—农业生态环境改善"的循环式生产过程转换，降低农业生产经营活动中机械动力、化肥、石油等能源的消耗，提升农业可再生资源（如秸秆、太阳能、沼气等）的利用，最大限度地减少农业废弃物排放与环境污染，从而促进整个社会环境福利的增加。

2. 传统农业技术与新型农业技术相结合原则

传统农业技术创新与新型农业技术创新有区别，但农业发展过程中始终不能将两者割裂，农业技术创新是传统农业技术的革新和优化，必须要将两者结合起来。农业技术创新是人类基于农业技术负面效应所产生的对环境的反思，即一项农业技术需要兼顾经济可行性与生态合理性，应该把农业技术对生态环境系统的胁迫和损害降低到最低程度。因此，农业技术创新不是把传统农业技术完全排除在外，而是对传统农业技术创新的一个优化过程，也正是对传统农业技术创新的"突破"与"融合"。

3. 整体推进与因地制宜相结合原则

无论是我国区域间农业技术创新能力还是区域间农业生产率增长，都存在着区域发展不平衡的问题，呈现出由东向西梯度递减的现状。由于各地区间的自然禀赋、科技基础、经济实力各不相同，各有各的优势，这对农业技术创新整体推进农业经济增长形成了挑战。农业技术创新本身就是一个复杂的系统工程，面对区域发展不平衡，需要坚持整体推进与因地制宜相结合的原则，即根据各地区自身的农业生产特点确定农业技术创新的方向和重点，积极发展适应区域农业优势的技术，强调农业技术创新与区域地理空间相结合，实现因地制宜与合理布局，最终形成东、中、西部良性互动、各区域共同发展的局面。

4. 政府调控与市场调节相结合原则

农业技术的公共性与高风险特征使其较难保证创新主体（尤其是农业企业）的利益，一定程度上限制了资本进入可持续农业产业。这就决定了农业技术创新促进农业经济增长不能仅靠市场调节，尤为需要充分发挥政府的宏观调控作用。政府作为"制度企业家"能够通过各种政策措施促进创新资源投入，积极推动市场配置资源的基础作用，同时，能够刺激农业企业、农户等创新主体展开农业技术创新，将创新主体的投资风险与市场推广风险降到最低。尤其是农业生产经营中出现市场失灵时，政府通过组织资源、完善服务与运行机制等宏观调控手段为农业技术创新营造氛围。

二、农业技术推广促进农业经济增长的具体路径

（一）优化农业技术创新体系

在加强知识产权保护的过程中，要积极培育和发展农业技术市场，保障农业科技人才合法收益。其中重点是完善农业知识产权保护体系，为农业科技市场发展创造良好的外部环境。与此同时，要建立农业技术产权展示交易平台，促进农业科技创新体系分工合作和加速成果转化运用。

首先，改革农业科技管理模式，对能够商品化的课题应建立由企业出题出资，政府给予适当补助，委托公立科研机构定向研发，成果归企业所有的项目管理机制。支持企业与科研院所采取联合申报政府项目、合作共建研发中心和实验室等举措，共享科技资源和智力成果，或通过聘请相关技术专家作为企业技术顾问等形式，积极引导和推动涉农企业、社会化科技服务组织同农业科研与教育机构之间建立长效合作机制，有效解决农业企业在生产、加工和储运及售后服务等环节中遇到的内外部技术难题。支持具有条件的企业开展对公益性基础研究成果的商业应用开发和推广应用，支持企业系统开展新产品、新技术、新工艺研究，加快科技成果的研究、产出、转化和应用。对于政府确定的公益性强的农业技术推广项目，可采用招投标方式吸引企业参与和承担。

其次，政府进一步突出在农业技术创新过程中的导向监督作用。推进农业技术创新的科研项目经费一般由各级政府提供，政府在承担了投资者角色的同时，更应当担负起宏观层面对农业技术进步科研活动实现全方位的综合调控，发挥政府公正仲裁、合理引导、系统调控、法律监督的作用。同时政府也应通过调研或信息收集的方式将当地农民农业生产的实际技术需求整合起来，及时反馈到技术研发部门，充分发挥信息传递的职能作用。

再次，促进农业科技产业化。农业科技成果产业化本质上是农业产业和农业技术进步活动高度社会化的必然产物，而完成的主体应是农业科技企业。因此要开发建设好农业高新技术园区，通过各种优惠政策吸引国内外涉农科技单位及科技企业对园区进行技术开发，借助其雄厚的经济实力和高水平的技术开发能力，短时期内迅速推动起点高、科技含量高、规模大的农业科技产业化经营，以此来

带动四川省农业朝着内涵型、集约型的现代农业方向发展。

最后，在开展基层农业技术推广工作时，一定要充分考虑地方实际情况，因地制宜创新和优化推广方式，形成科学化、规范化、标准化的推广体系，进而保障推广实效。以地方农业发展现状和趋势作为基础，准确掌握广大农民的实际情况并制订科学合理的推广方案，在实践中运用多样化的方法适用不同的推广需求，是保障推广实效符合预期的要点所在。落实大众传播方式。基层农业技术推广人员需要对农业信息进行筛选、加工和整理，重点围绕不同生产阶段的农业技术要点进行整理，并通过大众传播媒介进行有效推广。诸如报纸、广播、电视以及相应的宣传文件等，均是常见的大众宣传渠道。尤其是在推广新品种、新农药方面，基于广告的宣传方式往往能起到良好的推广效果。在互联网时代，借助互联网平台进行推广也能有效改善大众传播实效，让更多的农民群众能够接触到相关推广信息。落实技术讲座推广活动。技术讲座的优势在于能够围绕特定农业技术进行细致、深化的讲解，可通过乡间讲座、电视直播等多种方式实现，在专业化的农业技术推广方面具有巨大优势，为农业生产活动提供技术指导。加强农业生产示范基地建设。在农业生产示范基地开展各种试验，并在取得成果后加强宣传，组织当地农民到基地进行参观，以直观的成果进行宣传和推广，能够充分调动农民的积极性。强化田间指导和个别指导。基层农技推广人员需要深入田间为具体的农业生产活动提供指导，做好相应的巡查工作，及时发现农民在农业生产中暴露的问题并进行针对化指导，确保农民在生产实践中真正掌握科学的操作方法，从而推动农业生产水平的提升。

（二）增强农民需求意识

在市场经济条件下，国家农业技术推广体系建设如果完全是政府行为，往往会导致政府失灵；而单一的市场行为则会导致市场失灵，因此必须强调政府与市场的有机结合。不同的农业技术服务领域，其公共产品属性强弱是不一样的，政府应该对这些领域重点选择。新形势下，政府在农业技术服务体系中，要从唱"独角戏"转变为"总导演"，其主要职能是要创建良好的技术创新和推广的环境，并对其日常经营活动提供法律约束和政策提醒，从而使各种农业技术服务力量竞相迸发，并对其有效运行开展宏观调控和微观监督。其中，在政策法规领域，政府要出台适应新形势的法律法规和政策举措，为新型服务主体和经营主体创造良好的发展环境，加强对各类技术服务组织的管理。市场作为资源配置的决定性力量，应在农业技术创新与经营服务领域逐渐占据主导作用。除了充分发挥政府公益性的农技推广体系作用外，还应重点培育和发挥龙头企业、农业技术中介服务机构等市场化农技服务主体的作用，逐步建立起以市场化为主导的新型农业技术服务体系。

现代化的农民的特质之一在于高新技术的应用，这就要求农民具备较高的科学文化素质，能够熟练掌握现代农业生产技术。可以说没有依靠知识武装的现代农民就很难实现真正的现代化农业生产。因此，这对农民技能培训提出了新的要求，建立全方位提升农民科技素养的培训体系显得十分重要。只有在加强农业教育的基础上，实现兴农科技与兴农教育的同步发展，推进高水平职业农民队伍的建设，促进现代农业生产技术能够迅速应用于生产实践、转换为农业产量，这样才能真正提升农业的技术含量、提高农民收入水平。

首先，加强职业教育，大力培训新型职业农民，使其成为新型农业经营主体的主要经营者。要积极探索新型职业农民培养的模式，建立适合新型职业农民多层次要求、灵活的培训机制。同时应加强农业职业院校建设，促进适应农业生产现实需求的职业教育培训体系形成。我国的农业职业院校普遍以打造某些学科的研究型高校为目标，片面追求在学科建设上的"高大上"而忽视"接地气"的农业生产人才教育，因此以农业生产需求为基本导向形成多层次的农业职业教育培训体系显得十分重要。第一，进一步强化高层次农业技术研究型高校建设，寻求在生物基因学科、新品种培育等方面的突破。第二，推动农业技术应用型人才教育的发展，将重心放在农业技术推广队伍的培训、农业科技成果转换能力的提升方面。最后，还应当面向生产者开展最直接的技术培训，通过开办农民科技班的形式进行"半农半读"的培训，拓展生产第一线农民的业务素质，培养具备应用最新农业科技能力的新型职业农民。

其次，因地、因时、因人广泛开展农业实用技术培训。特别是着力培养种养大户、科技示范户、农村经纪人、农民专业合作组织及协会负责人、农机能手等。在培训过程中，注重培训方式的灵活性和内容的实用性，采取菜单式、集中式等方式，以农业生产技术、畜牧养殖及动物疫病防控知识、特色产业等为主要内容，对种植、畜牧、农机等从业人员开展专项技术培训，进行有计划、有重点的培训，努力让农民学一门看家本领，创一条增收门路。

再次，加强引导、强化农民的市场观念。通过宣传教育的形式提升农民的现代经济观念，尤其是强化以市场为基本导向进行生产活动的观念。引导农民破除根深蒂固的小农意识，带领农村生产骨干走出农村，考察其他地方的先进生产经验、接触更多的现代市场经济因素，通过生产骨干的思想的解放、视野的开拓在群众中产生广泛的示范效果，提升农民整体对市场运作规律、市场经济脉搏把握的能力。同时，还应当与有关农业企业建立长期的合作关系，在生产过程中为农民提供足够的市场信息，帮助其能够尽快通过市场经济的运作获得更多的回报，刺激农民主动与市场接轨的热情，提升农民主动面对市场规律的能力，改善农民在信息不对称下求生存的被动局面，最终实现其市场竞争力的提升。

最后，科技推广要与农村科技推广人员培训相结合，制定出台培育高素质农技人员纲领性文件，各地农牧局具体组织农技人员开展教育培训，推动优质资源下沉，提高培训规范性，做到教育培训按需施教，接地气、效果好，进一步提高农业技术推广人员的业务素质和技能水平，增强基层农技推广体系为农服务能力，为促进农村全面振兴发挥科技人才支撑作用。同时，还要拓展科技人才培养模式，推动一批专业技术人员到乡镇、农村、农企等单位挂职锻炼，增强专业技术人员与农户的交流互动，做到农技直接到户、良种良法直接到田、技术要领直接到人。以此提高农民的科技接受能力，推进农业科技进村入户，为农民增收营造良好的氛围和条件。

（三）推动农业产业化及土地制度改革

以实现农业产业化为目标，夯实农业技术进步的市场基础。农业技术的进步广泛地依赖于市场需求环境的变动，农业市场对农机械、农产品、农业信息等需求增加，必然导致农业市场参与主体投入更多的人、财、物等资源进入其中，在原有的物质生产条件下，产出的增加更多地依赖于技术的革新和农业生产效率的提升，农业技术进步也有了很大的提升空间。近年来，农业产业化也取得了较为明显的成效，比如农业企业、农民经济合作组织、订单农业等农业经营模式的探索，农业信息资源的共享需求促使了以云技术为特征的信息技术开始在农业经济的使用。因此，推动农业产业化，突出市场在技术创新方面的重要作用，对于营造良好的技术创新环境，特别是对于农业科学技术市场、农业生产技术服务市场、农村金融服务市场尤为重要。

推进农村土地经营体制改革，创造农业技术进步的物质条件。随着现代经济社会发展的新需求，传统的小农化家庭联产承包责任制已不能满足其要求。现代农业发展具有规模化、产业化、标准化特征，其农业技术使用量大，利用承包责任制往往使农户生产分散化，农业生产效率偏低，无法满足家庭联产农业产业化的需求。因此，要推进农村土地制度改革，增强农村发展活力。当然，各地发展情况并不一致，因而针对不同地域，土地流转政策应当因地制宜。目前，国内主要有土地股份制和土地使用权置换社会保障的两种方式，针对不同地域可以选取不同方式，比如，在农业土地增值潜力较高的区域，可以鼓励实行土地股份制经营，把农民土地使用权划分为等量股份，然后通过分红方式，让农民获取土地流转所实现的收益；在主要的产粮地区，这类土地影响着社会的发展和稳定，政府部门在推动土地集中经营、解放农村生产力、实现农业技术进步方面就必须保障农民的合法利益，因此，建议以社会保障的形式获取农村土地使用权，实现土地合法合规地流转。

现阶段，大多数农村地区的农业经济基础建设尚不完善，政府相关职能部门并没有出台一系列政策加大对农业企业的支持力度。因此，必须适当增加资金资源、技术工艺的投入与引导，切实提高企业的服务水平、服务质量，有效覆盖农业经济发展的各个环节。具体而言，应做好以下四个方面的工作：①政府应当加大对农村电网的改造力度，合理完善科学、高效的播种灌溉基础设备设施，凸显农业经济发展的现代化水平；②对于一些在河流、小溪附近的农村而言，可根据现实需求建设水利设施，同时企业要加大对农业区域的整体开发力度，不断精简发展流程，逐渐实现农业产业化发展；③应由政府职能部门牵头，创设农业经济、农业产业专家团队，实现生产与销售的整合；组建行业协会，对农产品的质量进行把控，同时不断拓宽营销渠道及销售范围；④应建立农村经济合作机构，加大对中介组织及专业经纪人的培养力度，推动农业产业化发展。

农村经济在发展过程中或多或少都面临着土地流转问题和阻碍，国家相关职能部门应充分立足于法律法规及政策制度，转变传统滞后的农业经济发展理念，扩大土地经营的范围，有效解决土地流转面临的问题与阻碍。针对土地流转而言，政府也应给予接收方一定的支持，全面贯彻落实国家农业经济发展的相关政策。如果农户由于政策变动失去了土地经营权，那么可以及时向相关上级主管部门进行反馈，有关部门可以根据实际情况给予补偿。此外，为了激发农户的积极性和主动性，政府可对一些产业规模较大的、具有先进思想的农户发放一定的奖金，以奖代补，鼓励更多的农户积极参与其中。此外，相关部门应当精简流程，对农业产业发展涉及的不合理收费要及时取缔，缩短业务办理时间，以为农户服务为标准，为其提供多元化的服务，通过这样的方式逐步实现农村土地的规模化经营。

（四）完善农业技术推广制度

农业技术推广部门应具备的功能是及时有效地把各种适合于当地的技术传递给农民，并及时帮助农民解决产前、产中、产后遇到的各种问题，缩短科技与生产之间相结合的时间。

第一，完善农业技术研究与推广的"一主多元"体系。核心是要构建以政府为主导的多元化农业技术研究与推广组织。加强农业技术研究与推广体系建设，应打破单纯以政府为主导的模式，即构建以政府推广体系为主导，涉农企业、农业产业化经营组织、农民专业合作社、农民中介组织、家庭农场、农业个体户直接参与，最大限度地整合社会人才、技术和财力资源，培育多元化农技推广服务体系。

第二，要大力加强对农业科技成果知识产权的保护力度，具体要做到：一是要加强制度建设，重点保护农业的新品种，系统运用专利制度、品种保护条例等法律法规来保护农业研发主体的利益。二是要加强行政执法力度，依法公正、高效地处理各种关系到农业科技成果的知识产权纠纷，打击各种违法犯罪行为，有效保护农业科技成果，营造一种公平合理的竞争环境。三是要加强对相关法律法规的教育和普及工作，提高科技工作者的成果保护意识。

第三，在过去一段时间内，农技推广机构主要通过对农民集中培训、电视播报、下发宣传单等形式宣传农业科学技术知识，宣传的范围相对有限，宣传的形式相对单一，无法起到良好的农技推广效果。随着现代信息技术的发展，智能手机、电脑在农村的普及，农技推广部门应利用大数据、新媒体等信息技术，通过微信、微博等新媒体平台，通过快手、抖音等短视频平台，开展多种形式、内容丰富的科技推广活动，将农技信息发布在平台之上，让农民随时随地都可以查看农技知识，深化农民对现代技术的认识。邀请科研机构专家、企业带着成果来推广，让农民切身实地地看技术、选技术、学技术，同时还要让农业技术推广人员沉下去，活跃在田间地头，成为科技兴农的领路人，因地制宜做好科技推广工作，对于种植大户、养殖大户可以采取"面对面""一对一"的推广模式，对于分散的农民可以针对不同农民群体开展针对性的调查，了解该村农民在种植新品种、应对虫害等方面的技术需求，进一步提升农业技术推广的精准性，打通农业科技推广成果转化的"最后一千米"。

第四，农业技术推广不仅需要有良好的专业技术知识，而且需要有农业科技推广的组织机构，才能将好技术、好产品推广给农民。因此，农业科技成果应该选择合适的推广模式，由政府做好牵线搭桥，由市农牧局负责具体推进，各县区农牧部门在市农牧局、农业技术服务中心技术推广下，根据农民群体的实际需求做好宣传推广工作，可以选择与科技推广机构签订农业科技责任书的形式，压实责任、落实任务，制订年度科技推广工作计划和资金使用预算，保证有限的科技费用用在推广上，让农业科学技术成为农业发展、农村建设的助推器。政府还要加大资金投入力度，建立政府科技投入稳定增长机制，不断加大市本级和县区财政科技研发经费投入，创新财政投入方式，优化投入结构，通过补助、贷款贴息、购买服务等方式支持科技服务发展。要支持农民自愿成立专业技术协会或民间组织，让农民群体形成团队力量，通过民间协会带领农民接受农业科技推广服务，带动农民进一步应用科技走向富裕道路。

最后，强化农业技术推广机构的改革。加快现有农业技术推广机构的改革，建立健全农业推广体系，增强推广力量，通过政府主导型公益技术的推广和市场主导型实用技术转化"两条腿"走路，创新示范推广模式，促进科技与农业经济的紧密结合，同时要加强县一级的农业技术推广部门，尤其要充实乡、村两级的推广力量，配好农业技术人员，满足实际生产的需要。

（五）提升农技推广队伍综合素质

任何科学技术的发展需要两手都要抓、两手都要活，既要重视基础理论高精尖研究的进步，也要强调直接应用于生产者的推广过程，这在农业方面体现得更加突出。素质和技能过硬的基层农业推广队伍能够将最新的科技创新成果及时有效地传播开来，将一些试验田、试验点刷新的高产量、高回报转换为普遍的农业生产成效。所以构建一支综合素质高、服务能力强的农技推广人才队伍，对于四川农业的发展是大有裨益的。

第一，强化对农业技术人员的培训力度。顺利开展农业技术研究与推广工作、提升农业技术人员素质的关键就是要做好对农业技术人员的培训工作，强化对农业技术人员的培训力度。一方面，农业技术推广部门应该充分发挥其引导作用，组织专人对农业技术人员进行培训，使他们定期学习理论知识，加强思想政治建设，树立正确的服务意识；另一方面，农业技术人员应自觉参加培训，学习农业技术知识，提高专业技术能力，从而使自己在各方面都得到提升，为农业发展提供更好的服务。

第二，通过扶持一批农科特色大学发展，加强农业技术人才的培养。进一步提高高等农业院校生人均综合定额拨款标准，实行农科大学生（含农业高等职业院校学生）减免学费政策，吸引优秀生源报考农科专业。涉农高等院校要根据现代农业发展需要，强化农业学科设置，创新农业人才培养模式，加强农科实验实习基地建设，提高农业人才培养的针对性和素质能力。鼓励和支持农科大学生到农业生产一线实习见习和就业创业，研究制定农业产业化龙头企业、涉农企业、农民专业合作社吸纳高校毕业生在税收减免、财政补贴等方面的扶持政策，研究制定高校毕业生到农村创业在土地流转、社会保障、信贷支持、信息服务等方面的配套政策，在省级以上农业产业化龙头企业设立博士后流动站，继续实施"大学生村干部"计划、"三支一扶"计划、大学生志愿服务西部计划等项目。

第三，改革职称评聘制度，拓展基层农技人员晋升的渠道和空间。一是完善农技人员职称晋升政策。职称评定要适当放宽基层申报条件，主要是侧重工作实绩，要使职称能够真正体现知识水平和业务能力。二是放宽基层职称聘用指标限制，打破高：中：初级技术人员1：3：6的聘用比例，让符合条件的人员能够正常晋升，使更多的人才能脱颖而出。三是建立"能上能下"机制，对连续两年考评不合格人员视情况予以诫勉"请出去"，实行末位逆向淘汰机制，建立正常的流动渠道。四是参照现有的公务员政策进行套改，对达到一定工作年限的岗位直接享受较高一级的岗位待遇。五是出台特岗人才招聘政策，降低学历门槛，放宽非专业条件，及时补充人员。六是降低职称在工资中的权重。在实际工作中，工作量最大、投入最多的往往是职称相对较低的年轻农技人员，职称工资所占权重过大，影响了青年农技人员的工作积极性。

第四，加强基层农技人员管理。一是实行目标管理责任制。量化农技人员的考核指标，确定不同岗位人员的技术试验、示范、推广任务，以制度的形式确定每个在岗农技人员应当承担的最基本的职责和工作量。二是完善绩效考核办法，建立"双向评价"的考核评价制度，提升服务对象对农技人员考核评价的比重；对上级农技部门的考核，也应充分考虑农技人员的评价。三是改革人事管理体制，界定好县乡两级管理监督的权限，实行人事条条管理，把农技人员从繁杂的行政事务中解脱出来，专职从事技术推广工作。四是建立农技人员的双向流动机制，解决边远乡镇农技站无人问题，建立乡镇农技人员向城镇流动的常态化机制。作为乡镇农技人员个人发展的激励机制，通过个人考核，或者建立选拔机制，鼓励乡镇人员进城交流，提高乡镇农技人员的知识水平与服务能力，同步建立县级人员向乡镇流动的常态化机制。

第五，完善对农业技术人员的考核评价体系。农业技术人员素质的提升离不开一套完善的考核评价体系，相关部门应该建立一套科学系统的农业技术人员考核评价体系，从而充分激发农业技术人员的热情和潜力。只有对技术人员进行全面多层次的评价，才能挖掘各自具有的潜能，从而对每个人制订科学有效的培训方案，最大限度地发挥每个人的专业才能，达到提升其专业素质的目的。

（六）推进技术投入、支持多元化

由于农业技术进步很大程度上取决于农业科学研究和农业技术人才，因此，科研投入在这方面就显得尤为重要。目前，四川农业技术进步必须加大对农业科研的投入，逐步形成政府、社会机构以及个人共同参与的投入保障机制，从而为四川农业技术进步提供良好的物质基础，对农业技术进步的投入支持具体表现于以下两方面：

要依赖于政府财政投入的增加，政府投入一般以财政补贴、专项投入经费的形式体现。农业生产增产与参与农业生产的农民和有关农业科研水平密不可分，加大财政补贴也应当体现为这两个层面，加大国家财政对农民的补贴，提高其生产积极性；同时还要对有关农业科研机构、农业高新技术企业进行财政方面支持，增加其科研经费，以推进农业科学基础性研究为抓手，撬动农业生产技术的创新热潮，带动生产技术不断推陈出新，激励农业高新技术企业自主研发新技术、新工艺并助推其广泛应用。另外，加强农业生产主管部门、农业生产者与农业科研机构、农业市场推广企业之间的合作，推进最新的农业技术快速应用于农业生产中，形成以技术为依托、以市场为导向的农业生产经营链。

要广泛利用市场，多渠道融资，以科学合理的产业投资政策为引导，积极鼓励和支持企事业团体、金融服务机构，甚至个人资金向农业技术领域投资。通过资金链条将这些团体机构、个人与农业生产和农产品加工业等紧密结合，既可以为盈利部门带来经济效益，同时又能促进农业生产技术效率的提升，增强农业技术进步的内在动力。

从行业层面来看，2020 年后，迎来 5G、物联网、大数据、人工智能等新一代信息技术的时代，我国更是这其中的有力竞争者、引领者。这些新技术最早得到广泛应用的是在消费服务业，其次是在制造业。如今这些核心技术的发展愈发成熟，也逐渐在农业领域涌现出相应的技术应用。新一代信息技术应用在农业中主要体现在中间的生产管理环节，所以在今后的发展趋势中，农业管理的信息化、自动化必将迎来蓬勃发展。BAT 等国内互联网巨头也都嗅到其中的机遇，纷纷布局这一领域，如阿里 AI 养猪解决方案以大数据、云计算和人工智能技术为支撑，对生猪养殖全生命周期进行管理，可使养殖企业数据更加完整、精准，减少人工投入，提升管理效率的同时，可实现生产上的降本增效。再比如腾讯人工智能实验室（AILab）的全程无人工温室黄瓜种植、浇水、通风、光照和施肥等工作都是由人工智能传感器收集环境和作物生长数据，通过强化学习和计算，进行判断再驱动温室里的设备元件自动完成。腾讯的此项技术还在国际人工智能温室种植大赛中夺冠，力压英特尔。在农业管理信息化自动化的大发展趋势下，一些重点技术领域会是其中的热门赛道，如作物种植、动物养殖技术、设施农业技术，以及生产决策支持系统等。农业动物养殖、植物种植技术方面，如农作物的智能化配肥，通过土地实时监测，实现精准化施肥，提高肥料利用率，减少肥料与人力的过多投入。又如无人机植保，通过物联网、GPS 等技术，实现无人机智慧喷洒药剂作业，更高效、精准、环保，可为农户节省购买大型机械成本和人力成本。还有畜牧领域的智能化养殖，通过耳标、摄像头等设备监控动物生长与健康情况，实时跟踪、监测，并对所得数据进行处理分析，实现智能化养殖管理。

设施农业技术方面，主要指通过信息技术控制及设施装备，一定范围内改变与提供适合动植物生长的环境因子，实现工厂化种植和养殖。如智能化温室，通过综合环境控制系统，调节室内温度、光线、水、土等诸多环境因子，降低外在环境、灾害的干扰，实现农作物的稳定高产。如之前提到的腾讯智能温室种植技术就是属于设施农业技术领域。除了智能化温室，棚膜栽培、无土栽培、养殖场相关技术都属于设施农业技术领域。生产决策支持系统方面，是指通过一系列信息技术，对农场土地、农业动植物、农机以及相关设备进行实时监测，收集土地、生产进度、农产品质量、农业气象、灾害等方面的数据信息，进行分析并形成智能决策，或帮助支持生产者形成决策，最终实现减少农业投入、提高农业生产管理效率。

根据农业的基础性作用、我国农业发展的阶段性特征以及农业科研院所服务广大农民的机构性质，明确农业科研院所的公益性定位为公益一类科研事业单位。按照分级负责的原则，明确中央、省、市三级农业科研机构的人均基本支出经费标准，由中央、省、市三级财政足额保障所属农业科研院所人员经费和日常公用经费。积极落实科研事业单位社会保障政策，统一纳入地方社保体系，解决科研人员的后顾之忧；保障农业科研院所的基本科研经费和科技服务经费，加强农业科研院所的基础设施条件建设。

参考文献

[1] 周建芬.探讨农村劳动力转移对我国农村经济发展的影响 [J].营销界，2019（47）：124-125.

[2] 胡荣国.基于区域经济差异下影响农村经济发展的农村金融因素识别研究 [J].农民致富之友，2019（15）：244.

[3] 尹晓磊.电子商务在农村经济发展中的应用 [J].商业与科技论坛，2020（5）：14-15.

[4] 闫涛，张晓平，陈浩，等.2001—2016 年中国地级以上城市经济的区域差异演变 [J].经济地理，2019（12）：11-20.

[5] 杨宁，陈晓墩，白帆.农村振兴战略下农村人才振兴的探究 [J].现代营销（信息版），2019（6）：183-184.

[6] 罗梓洋.我国农村劳动力转移对农业生产效率的影响——人力资本视角 [D].重庆：重庆工商大学，2019.

[7] 高佳，宋戈.农村劳动力转移规模对农地流转的影响 [J].经济地理，2020（8）：172-178.

[8] 沈倩岭，王小月.农业信贷、农村劳动力转移与农民工资收入 [J].农村经济，2018（5）：63-68.

[9] 匡远配，王一清.非农就业、农地流转与城镇化 [J].广西社会科学，2018（11）：69-74.

[10] 王彦美，郭欢欢，赵晓锋，等.重庆市农村人口与农村居民点用地的时空变化及协调度分析 [J].农村经济与科技，2017（3）：32-34.

[11] 袁心常.经济发展 [Z].永川年鉴.2019.

[12] 王伟伟.农村振兴背景下农业绿色发展探析——以重庆市永川区为例 [J].农村经济与科技，2019（18）：162-163.

[13] 国家统计局重庆调查总队 2018 年重庆市国民经济和社会发展统计公报 [N]. 重庆日报，2019（3）：19（010）.

[14] 张聪颖，畅倩，霍学喜. 适度规模经营能够降低农产品生产成本吗——基于陕西 661 个苹果户的实证检验 [J]. 农业技术经济，2018，（10）：26-35.

[15] 张红宇. 中国现代农业经营体系的制度特征与发展取向 [J]. 中国农村经济，2018，（1）：23-33.

[16] 王振华，李萌萌，王苍林. 契约稳定性对农户跨期技术选择的影响——基于 2271 个地块数据的分析 [J]. 资源科学，2020，42（11）：2237-2250.

[17] 刘丽，郝净净，姜志德. 基于 TPB 框架的农户水土保持耕作技术采用意愿及代际差异研究——基于黄土高原 3 省 6 县的实证 [J]. 干旱区资源与环境，2020，34（5）：51-57.

[18] 黄武，赵桐庆，伶大建，多技术视角下农户环境友好型农业技术采纳 [J]. 江苏农业科学，2018（14）：329-333.

[19] 张同斌，刘棒奇. 贸易开放度与经济增长动力——基于产能利用和资本深化途径的再检验 [J]. 国际贸易问题，2018（1）：20-31.

[20] 赵小雨. 中国绿色增长效率评价及影响因素分析 [D]. 武汉：武汉大学，2018.

[21] 张意翔，成金华，汤尚颖，等. 技术进步偏向性、产权结构与中国区域能源效率 [J]. 数量经济技术经济研究，2017，34（8）：72-88.

[22] 于法稳. 新时代农业绿色发展动因、核心及对策研究 [J]. 中国农村经济，2018（5）：19-34.

[23] 杨鸯，土环，李超，等. 中国农业绿色全要素生产率的空间分异及其驱动因素 [J]. 数量经济技术经济研究，2019，36（10）：21-37.

[24] 张晴晴. 皮尔斯符号学视域下中国文化对外传播研究 [D]. 蚌埠：安徽财经大学，2021.

[25] 杨兴民. 中国宗庙文化的视觉符号研究应用与转化 [D]. 太原：中北大学，2020.

[26] 李莹. 农业与旅游业深度融合的特色小城镇发展研究 [D]. 天津：天津师范大学，2019.